モスクへおいでよ

Hiroomi Takii
瀧井宏臣

小峰書店

もくじ

序章《じょしょう》 神秘《しんぴ》の礼拝堂《れいはいどう》

ステンドグラスが陽光を浴びて、極彩色《ごくさいしき》に輝《かがや》いています。壁《かべ》や天井《てんじょう》にある幾何学紋様《きかがくもんよう》やアラビア文字の装飾《そうしょく》が、神秘的《しんぴてき》な雰囲気《ふんいき》をかもし出しています。

二〇一七年秋、東京ジャーミイ二階の礼拝堂《れいはいどう》は、五百人近いイスラーム教徒で埋《う》まりました。金曜日午後の集団礼拝《れいはい》です。

東京ジャーミイというのは、東京・渋谷区《しぶや》にあるイスラーム（イスラム教）のモスクです。ジャーミイは、アラビア語で多くの人が集まる場所のこと。モスクは、英語で礼拝堂のことです。

聖典《せいてん》クルアーン（コーラン）を読む若者《わかもの》。礼拝《れいはい》前は思い思いに過《す》ごす。

イスラームの聖地《せいち》であるサウジアラビアのマッカ（メッカ）の方角に向かって、信徒たちは横一列に並《なら》んでいます。肩《かた》が触《ふ》れあうくらいに詰《つ》めていますが、それでも何十もの列ができました。その列は、外のテラスまであふれています。

肌《はだ》の色の黄色い人だけでなく、黒い人も白い人もいます。はなやかな民族衣装《いしょう》の人もいれば、ジーパンにT《ティー》シャツの人もいます。インドネシアなどアジアの人たちをはじめ、トルコやアフリカ、ヨーロッパ、アメリカなど、礼拝《れいはい》に来る人たちの国籍《こくせき》はさまざまです。数人ですが、日本人もいます。

説教をおこなうイマーム（指導者《しどうしゃ》）。

午後零《れい》時四十五分、アザーンと呼《よ》ばれる礼拝の呼びかけが高い天井《てんじょう》に響《ひび》きわたり、イマーム（指導者《しどうしゃ》）が説教壇《せっきょうだん》に立ちました。黒の生地《きじ》に金色の刺《し》しゅうがほどこされた服を着て、白い帽子《ぼうし》をかぶっています。

この日の説教は、イードというお祭りがテーマでした。

まず、東京ジャーミイ広報《こうほう》スタッフの下《しも》山茂《やましげる》さん（六八歳《さい》）が、日本語で説教を読み上げました。続いて、イマームがトルコ語と英語で話をしました。

「イードは、神のもとで私《わたし》たちがひとつであること、ともに在《あ》ることを思い出させてくれました。決しておたがいをないがしろにはせず、兄弟姉妹を忘《わす》れることなく、希望《きぼう》を失うことなく、孤独《こどく》な人々を見すごすことのないようにしましょう……」

説教が終わり、午後一時から集団礼拝《れいはい》が始まりました。イマームの指導《しどう》にしたがい、いっせいに定められた順序《じゅんじょ》で礼拝をしていきます。

信徒たちは「アッラーフ・アクバル（神は偉大《いだい》なり）」ととなえて膝《ひざ》をつくと、サジダと呼《よ》ばれるポーズで、神であるアッラーの前にぬかずきました。ひざまずいて、額《ひたい》と鼻を軽くじゅうたんにつけるのです。

礼拝堂《れいはいどう》のすみっこにいた私《わたし》は、思わず息をのんでその様子を見つめました。

礼拝って何ですか？　この本の主人公で、東京ジャーミイ「案内人」の下山さんは、「アッラーをたたえ、アッラーに救いを求めること」と説明してくれました。

アッラーとは、どんな神でしょう？　アル＝イッラーフというアラビア語を縮《ちぢ》めた言葉で、英語のザ・ゴッド（神）に当たります。人間や生き物など、この宇宙《うちゅう》にあるすべ

集団礼拝《れいはい》。肌《はだ》の色や国籍《こくせき》のちがいに
かかわらず、横一列にならんで祈《いの》る。

てのものを造《つく》った唯一《ゆいいつ》の創造主《そうぞうしゅ》がアッラーで、そのアッラーの教えにしたがうのがイスラームという宗教《しゅうきょう》です。

アッラーの言葉は、七世紀に預言者《よげんしゃ》ムハンマドに啓示《けいじ》されました。その言葉をまとめたのが、聖典《せいてん》のクルアーン（コーラン）です。

イスラームとは、アラビア語で帰依《きえ》すること。サジダはまさに、イスラームの象徴《しょうちょう》のようなポーズです。アッラーの前で、人間の小ささ、弱さを表明しているのです。

人間の弱さって、どういうことですか？

「大地震《おおじしん》や大津波《おおつなみ》が来たときを考えてください。自然の巨大《きょだい》な力に打ちのめされ、自分がどれだけちっぽけな存在《そんざい》かを思い知らされますね。人間は、弱い存在なのです。その事実を認《みと》め、神を信じることで、人間は強くなっていくのです」(下山さん)

信徒たちが横一列に並《なら》んでいるのは、すべての信徒がアッラーの前で平等であることを意味しています。

トルコの大統領《だいとうりょう》が来日《らいにち》し、東京ジャーミイに礼拝《れいはい》に来たときも、特別な席はありませんでした。大統領も、横一列のなかに入って礼拝をしたのです。ボクシングのヘビー級世界チャンピオンだったモハメッド・アリが礼拝に来たときも同じです。

「社会的な地位や肩書《かたがき》だけでなく、肌《はだ》の色でも差別しません。国籍《こくせき》や民族が違《ちが》っても、お金持ちでも貧《まず》しい人でも、同じように座《すわ》ります。小さな子どもも列のなかに加わりますが、大人《おとな》が礼拝を強制《きょうせい》したりはしません。むしろ、子どもの方が信仰心《しんこうしん》はあついかもしれない。それを知っているのは、アッラーだけです」（下山さん）

礼拝が終わると、あちこちで握手《あくしゅ》がかわされました。

イスラームではよく「アッサラーム・アライクム（あなたに平安が訪《おとず》れますように）」と声をかけます。言葉をかけられた方は、「アライクム・サラーム（あなたにも）」と応《おう》じます。

こうして、自分たちがアッラーの前で兄弟であ

旧《きゅう》東京モスクを訪《おとず》れたアリ（右）。

金曜礼拝《れいはい》後にふるまわれる食事。この日は豆と肉の煮物《にもの》をかけたご飯。

ることを確《たし》かめあうのです。

下山さんも顔見知りの信徒たちと次々に握手《あくしゅ》し、話しかけています。そうやって、立ち話をして回るのが大好きなのです。

モスクは、人々が生活するコミュニティの中心にあります。礼拝堂《れいはいどう》であるだけでなく、日本でいう公民館であり、学校でもあり、困《こま》ったときに駆《か》けこむシェルター（避《ひ》難所《なんじょ》）でもあります。「モスクに来ることは、神の保護《ほご》のもとに入ることを意味します」（下山さん）

信徒たちはモスクに来て旧交《きゅうこう》を温め、近況《きんきょう》を報告《ほうこく》しあい、困っていることがあった

「仕事はどう？」。礼拝《れいはい》の後のおしゃべりを楽しむ。左が下山茂《しもやましげる》さん。

ら、おたがいに助けあいます。
金曜礼拝の日、東京ジャーミイでは食事がふるまわれます。信徒たちは三々五々、一階の多目的ホールに移り、食事をしながら世間話を楽しんでいました。

下山さんは、二十七歳《さい》のときにイスラーム教徒になりました。そして「イスラームを日本人に理解《りかい》してもらいたい」という思いがつのり、二〇一〇年からは宗教法人《しゅうきょうほうじん》日本・ディヤーナト、通称《つうしょう》・東京ジャーミイの広報担当《こうほうたんとう》をしています。日本人として初めてのスタッフです。

おもな仕事はイスラームにまつわる出版物《しゅっぱんぶつ》を出すことや、メディアへの対応《たいおう》です。スタッフになって以来、二百以上の新聞やテレビ、雑誌《ざっし》などの取材の窓口となりました。

さらに、二〇一四年四月からは「モスクへおいでよ！」と呼《よ》びかけ、一般《いっぱん》の日本人を対象にした無料の見学ツアーを始めました。このツアーを毎週末におこなっているほか、小・中・高校の児童・生徒や大学生、一般の人たちの見学を受け入れています。

「イスラーム＝テロという偏見《へんけん》が広がっていますが、イスラームという言葉には平和という意味が含《ふく》まれています。クルアーンのなかでも『ひとりの人間を殺すことは、全人類を殺したのと同じである』と教えています。イスラームをあらわす言葉として『右手にコーラン、左手に剣《けん》』とよく言われますが、これはヨーロッパでつくられた誤《あやま》った見方です。日本人に本当のイスラームを知ってもらいたい。それが、ぼくの願いなのです」

下山さんの働きぶりについて、東京ジャーミイの代表でイマームのアラス・モハンメッド・ラーシットさんは「いつも変わらず熱心に、情熱的《じょうねつてき》にモスクやイスラームのことを話していることに感心しています。同じ日本人だから、ツアー参加者も身近に感じてくれていると思います」と述《の》べ、高く評価《ひょうか》しました。

イスラーム教徒は、世界に十六億人いると推定《すいてい》されています。一番多いキリスト教徒の二十二億人についで、二番目に信徒が多い世界宗教《しゅうきょう》です。世界人口の四人に一人が、イスラーム教徒ということになります。にもかかわらず、私《わたし》たち日本人はイスラームのことをよく知りません。

ここ数年、世界各地で過激派《かげきは》によるテロが起こり、シリアでの内戦が原因《げんいん》でおびただしい数の難民《なんみん》が出ています。日本人が「イスラーム国」の人質《ひとじち》になり、殺された事件《じけん》も起きました。「イスラームのことを知らない」ではすまされない時代になっているのです。

そこで、イスラームやイスラーム文明について、下山さんに教えてもらうことにしました。そもそも、下山さんはどうしてイスラーム教徒になったのか。テロや難民について、どのように考えているのか。なぜ「モスクへおいでよ！」と呼びかけているのでしょうか。

まずは、下山さんが案内人をつとめる見学ツアーに同行してみることにしましょう。

第1章 これがモスクだ！

壮麗《そうれい》なモスク

「異国《いこく》の文化は、だいたい港町の横浜《よこはま》や神戸《こうべ》、長崎《ながさき》から日本へ入ってきました。それなのに、東京ジャーミイが横浜ではなく、東京・渋谷《しぶや》区代々木上原《よよぎうえはら》にあるのはどうしてか、わかりますか？」

見学ツアーの冒頭《ぼうとう》、下山《しもやま》さんは参加者に語りかけました。

東京ジャーミイ見学ツアーは、毎週土曜日と日曜日におこなわれています。午後二時半に集合してモスクの歴史やアート、イスラーム文明、イスラームの教えなどについての説明を受けた後、三時十五分から礼拝《れいはい》を見学し、三時半ごろに終了《しゅうりょう》します。

現存《げんぞん》する日本最古のモスクは、インド人の商人たちの手で一九三五年に神戸につくられました。一方、東日本では横浜ではなくて、代々木《よよぎ》の小高い丘《おか》のうえにつくられたのです。太平洋《たいへいよう》戦争が起きる前の一九三八年のことです。

それは、この地にイスラーム教徒たちが住みついていたからです。

一九一七年にロシア革命《かくめい》が起こり、歴史上初めての社会主義国《しゃかいしゅぎこく》が誕生《たんじょう》します。革命軍《かくめいぐん》に迫害《はくがい》された人たちは、祖国《そこく》を捨《す》

見学にやってきた高校生。礼拝堂《れいはいどう》に入るときには、女性《じょせい》はイスラームのきまりにしたがって、スカーフなどで髪《かみ》をおおう。

カザンからやってきたタタール人たち。

ユーラシア大陸を横断《おうだん》する、厳《きび》しい道のりだった。

てて逃《に》げました。そのうち、カザンという地域《ちいき》で暮《く》らしていたトルコ系《けい》民族であるタタール人が、シベリアから中国を経由《けいゆ》して日本まで逃げてきて、たまたま渋谷《しぶや》区内に住みついたのです。

　そのタタール人たちが集団礼拝《れいはい》をするために建てたのが、いまのモスクの前身である東京回教礼拝堂《かいきょうれいはいどう》です。日本人はそのころ、イスラームのことを回教《かいきょう》と呼《よ》んでいました。日本の寺や神社と建築《けんちく》の方法《ほうほう》がまったく違《ちが》っていたので、建てるのは大変でした。モスクの建築を引き受けたのは、神社などを建てる宮大工《みやだいく》のグループでした。

東京回教礼拝堂《かいきょうれいはいどう》

　しかし、東京回教礼拝堂は建てかえのため、一九八六年に壊《こわ》されました。ドーム形の屋根の下からの雨もりがひどく、雨水が壁《かべ》のなかにまで入ってきて修復《しゅうふく》できなくなったからです。その跡地《あとち》は、モスク再建《さいけん》を

ステンドグラスなどの装飾《そうしょく》は、トルコの職人《しょくにん》がやってきて作った。

条件《じょうけん》に、東京トルコ人協会《きょうかい》からトルコ共和国に寄付《きふ》されました。

その後、トルコ政府《せいふ》は東京モスクを再建《さいけん》する計画を進めました。建設資金《けんせつしきん》の多くはトルコで集められました。

設計《せっけい》は、トルコの代表的建築家《けんちくか》だったムハッレム・ヒリミ・シェナルプです。イスラーム建築の頂点《ちょうてん》をきわめた一六世紀におけるトルコの壮麗《そうれい》なモスクを、二一世紀の東京に再現《さいげん》しようとムハッレムは考えました。

基礎《きそ》工事と、建物の骨格《こっかく》にあたる部分の製作《せいさく》は、日本の建設会社が請《う》け負《お》いました。ドームには鉛《なまり》を貼《は》り、屋根には防水《ぼうすい》工事がほどこしてあります。

建物の外壁《がいへき》は、トルコの職人《しょくにん》がトルコから取りよせた石を積み上げて作りました。床《ゆか》の大理石《だいりせき》をはじめ、じゅうたんやシャンデリアもトルコ製《せい》です。外装《がいそう》や内装《ないそう》は、トルコ

ドーム

まん中に大ドーム、そのまわりに6つの小さなドームがある。アッラーが創造《そうぞう》した宇宙《うちゅう》をイメージしている。

ミナレット

高さ41.5m。遠くからでもモスクの場所がわかる目印。この塔《とう》のバルコニーから礼拝《れいはい》への呼《よ》びかけ（アザーン）を流す。

礼拝堂《れいはいどう》

2階にある。女性用《じょせいよう》の礼拝堂は中2階にある。およそ600人が礼拝することができる。

から装飾《そうしょく》タイルやステンドグラスの職人《しょくにん》たちがやってきて、多いときには百人がかりで作りあげていきました。

こうして、新しいモスクは二〇〇〇年に、東京ジャーミイ・トルコ文化センターとして再建《さいけん》されたのです。

建物の外側には、人工的に作った鳥の巣が四つあります。これは、生き物との共生を象徴《しょうちょう》しています。

「モスクは、人間のためだけのものではありません。なぜなら、人も鳥も昆虫《こんちゅう》も植物も、すべてアッラーの作品だからです。その考え方のシンボルとして、鳥が巣を作っ

外壁《がいへき》に取りつけられた人工の鳥の巣。モスクは人間だけのものではないという考え方をあらわしている。

たり、羽を休めたりできるようにしてあるわけです」(下山さん)
礼拝堂《れいはいどう》の壁《かべ》のなかには、あるものが入っています。何だと思いますか。じつは、ダチョウの卵の殻《から》なのです。直径二〇センチもある大きな卵から、中身を取りのぞいた殻が数十個《こ》も入っているのです。
このダチョウの卵は、いったい何のために入っているのでしょうか？　答えは、この章の最後に！

イスラーム世界の花

下山さんは展示《てんじ》ケースからトルコの陶器《とうき》を取り出し、そこに描《えが》かれた花の絵を示《しめ》して、ツアー参加者たちに問いかけました。

「東京ジャーミイの花と言ったら、これしかありません。何の花か、わかりますか？」

参加者たちは身を乗り出して見つめます。ユリ、スズラン、スイセンといった名前が出ましたが、どれも違《ちが》いました。

「これは、チューリップです。日本人はオランダの花だとばかり思っていますが、トルコ語でラーレと呼《よ》ばれるイスラーム世界の花なのです。イスラームは唯一《ゆいいつ》の神を信《しん》仰《こう》しますが、チューリップもひと株《かぶ》にひとつの花しか咲《さ》かないので、アッラーにたとえられることもあります」

一六世紀ごろ、植物学者がチューリップの球根をトルコからヨーロッパに持ちこみました。その球根から赤い花が咲いたとき、あまりに美しいので、ヨーロッパ人はびっくり仰天《ぎょうてん》してしまいました。

われ先にと球根を買い求める商人が殺到《さっとう》

チューリップは東京ジャーミイのいたるところに見られる。右ページ：チューリップの絵柄《えがら》が描《えが》かれた陶器《とうき》。左・下：礼拝堂《れいはいどう》の壁《かべ》に描かれたチューリップ。

しました。その結果、お金が集まって価格《かかく》がはね上がり、取り引きすればすごいもうけになるというチューリップ・バブルが起きたほどです。

これが、歴史上初めてのバブル経済《けいざい》と言われています。バブル経済では、お金が集まって急に景気がよくなりますが、しばらくすると価格が下落して大損《おおぞん》する人がたくさん出ます。だから、泡《あわ》のように消えるという意味で、バブル（泡）と呼ばれているのです。

「よく見てください。この花はいまのチューリップと違《ちが》います。どこが違いますか？」

陶器《とうき》に描《えが》かれた絵を見ると、茎《くき》が短く、花びらの先が細くなっています。これがもともとのチューリップで、この原種をもとにオランダで品種改良されたのが、私《わたし》たちが学校の花壇《かだん》や花屋さんで見るチューリップです。

そう言われて見ると、二階の礼拝堂《れいはいどう》の壁《かべ》にもチューリップがたくさん描かれていました。ラーレはいまも、ウズベキスタンやキルギスタンなど中央アジアに野草として分布《ぶんぷ》し、四～五月に花を咲《さ》かせます。

「イスラーム文明について、何か思《おも》い浮《う》かぶものがありますか？」

下山さんが呼《よ》びかけると、ツアーの参加者たちは首をかしげました。イスラーム文明について考えたことがある日本人など、ほとんどいないでしょう。イスラームは日本人にとって、とても遠い存在《そんざい》なのです。

このとき、下山さんが取り出したのは、「イスラーム文明の科学遺産《いさん》」というタイトルの世界地図でした。

意外や意外。そこに記されていたのはコーヒーにカメラなど、私たちがよく知っているものばかりです。「それから、中学生が数学で習う二次方程式《ほうていしき》」と下山さんが言うと、ツアー参加者から「エ〜ッ」と小さなどよめきが起きました。
「イスラーム文明では、自然科学が高度に発達しました。それらは明治維新《めいじいしん》以後、ヨーロッパを経由《けいゆ》して日本に入ってきました。だから、とても見えにくい。でも、イスラーム文明をルーツとするものは、ぼくらの身近にいっぱいあるのです。ひとつでもいいから、知ってもらいたい」（下山さん）
日本ではよく、西洋文明と東洋文明という分け方をします。西洋医学と東洋医学、西洋文学と東洋文学、西洋音楽と東洋音楽などです。しかし、日本や中国など東洋文明の背後《はいご》にはインド文明が、アメリカやヨーロッパなど西洋文明の背後にはイスラーム文明やギリシャ文明がひそんでいるのです。
つまり、世界の文明はおたがいに影響《えいきょう》をおよぼしあい、学びあいながら現在《げんざい》に至《いた》っているということです。これは、世界を知るために忘《わす》れてはならない大事なことです。

化学

ジャービル・イブン＝ハイヤーン(721 ごろ～815 年ごろ)は、硫酸《りゅうさん》などの作り方を発明。アル＝ラーズィー（865 ～ 925 年）は近代的な実験室をつくり、るつぼや蒸留器《じょうりゅうき》などの器具を開発した。

イスラーム文明が栄えたおもな地域《ちいき》

アラビア数字・代数学《だいすうがく》

アル＝フワーリズミー（780 ごろ～ 850 年ごろ）は方程式《ほうていしき》の解《と》き方《かた》などを研究し、代数学という学問をきずいた。その業績《ぎょうせき》がヨーロッパにもたらされ、近代科学の基礎《きそ》になるとともに、フワーリズミーらが用いたインド起源《きげん》の数字も広まった。これが現《げん》在《ざい》、私《わたし》たちが使っているアラビア数字だ。

$$x=\frac{-b\pm\sqrt{b^2-4ac}}{2a}$$

パキスタン

インド

フィリピン

マレーシア

インドネシア

コーヒー

「コーヒー」は、アラビア語のアル＝カホワがなまったもの。いまから 1000 年以上前に、イエメンかエチオピアでコーヒー豆が発見され、眠気防《ねむけぼう》止《し》、疲労回復《ひろうかいふく》の飲み物として、アラビア半島からヨーロッパへと広まった。コーヒー豆の積み出し港として栄えたモカは、イエメンやエチオピア産のコーヒー豆の名前になった。

イスラーム文明の科学遺産《いさん》

手術器具《しゅじゅつきぐ》

アッ＝ザフラウィー（936～1013年）は、メスをはじめ、200以上の外科手術《げかしゅじゅつ》の器具を開発した。

大学

859年につくられたアル＝カラウィン大学は世界最古の大学といわれ、現在《げんざい》もモロッコの国立大学として続いている。

カメラ

イブン・アル＝ハイサム（965ごろ～1039年ごろ）は、小さな穴《あな》を通った光が、暗くした部屋《へや》の壁《かべ》にさかさまの画《が》像《ぞう》を映《うつ》しだす装置《そうち》を発明。これがカメラのもととなった。

肺循環《はいじゅんかん》

イブン＝ナフィス（1213～1288年）は、血液が心臓《しんぞう》から出て肺《はい》を通り、心臓へともどってくる肺循環のしくみを発見した。

アラベスク

礼拝堂《れいはいどう》に入って左手にある説教台の側面は、螺鈿《らでん》というキラキラした貝殻《かいがら》の素材《そざい》でできています。

下山さんはそのわきに立って、説明を始めました。

「いいですか、みなさん。これが、東京ジャーミイで一番すごい幾何学紋様《きかがくもんよう》です。六角形やさまざまな形の図柄《ずがら》が、すべて中心から対称《たいしょう》に描《えが》かれています」

礼拝堂をはじめ、東京ジャーミイには、アラベスク、つまりアラビア風の装飾《そうしょく》がほどこされています。

その代表が、幾何学紋様《きかがくもんよう》と植物紋様です。

幾何学紋様は、直線だけで作られるデザインです。礼拝堂入口の大きな木の扉《とびら》には、力強い幾何学紋様が彫《ほ》られています。天井《てんじょう》の半円形のドームも六つあり、東京ジャーミイという建物自体が、六本の柱で支《ささ》えられています。

礼拝堂の中央には、大きなシャンデリアがつり下がっています。下から見ると雪の結《けっ》

シャンデリアを真下《ました》から見上げると、正六角形になっているのがわかる。

晶《しょう》のように見えますが、これも正六角形です。

イスラームの教えの基本《きほん》は六信五行《ろくしんごぎょう》（77ページを見よう）で、礼拝堂《れいはいどう》に見られる「六」は、この六信も意味しています。

植物紋様《もんよう》は、文字通り植物をモチーフとした装飾《そうしょく》です。

日本では、唐草紋様《からくさもんよう》として知られています。イスラーム世界で生まれた紋様ですが、中国経由で来たので唐《から》の草（植物）と呼《よ》んだのです。唐《とう》は七世紀に中国を統一《とういつ》した王朝で、日本からは遣唐使《けんとうし》が送られています。

説教台（上）と、礼拝堂《れいはいどう》の扉《とびら》（右）の幾何学紋様《きかがくもんよう》。

植物紋様《もんよう》。日本では風呂敷《ふろしき》の柄《がら》などに取り入れられた。

なぜ一日に五回も礼拝《れいはい》するの？

ツアーの最後は、礼拝の見学です。下山さんは参加者たちを礼拝堂に招《まね》き入《い》れ、こう語りかけました。

「どうですか。すごいでしょ。礼拝堂に入った瞬間《しゅんかん》から、『ここはアッラーの空間である』という雰囲気《ふんいき》を味わってもらえると思います。ここは仏教《ぶっきょう》のお寺で言ったら本堂《ほんどう》です。お寺の本堂に入るのは大変ですが、イスラームのモスクではわりと簡単《かんたん》に入れてしまう。そして、目の前で礼拝の様子を見ることができます」

ツアー参加者たちは美しさに目を見はりながら、何が始まるのだろうと好奇心《こうきしん》いっぱいに、礼拝堂内の装飾《そうしょく》や、集まってきた信徒たちを眺《なが》めています。

入って真正面がミヒラーブで、聖地《せいち》マッカ（メッカ）のカアバ神殿《しんでん》の方角を示《しめ》す壁《かべ》のくぼみのことです。東京ジャーミイでは、マッカは西北西に当たります。

仏教の寺では、家内安全や交通安全のお願いをするとき、さい銭箱《せんばこ》の前で手をあわせます。それは、お願いする向こうに、寺の本尊《ほんぞん》が安置されているからです。一方、アッラーは目に見えない大きな存在《そんざい》なので、形にすることができません。だから、聖地《せいち》に向かって礼拝《れいはい》することになっているのです。

中学生や高校生が礼拝堂に来たとき、よく「ここには何もない」と言うのには、そういうわけがあります。

イスラーム教徒は毎日、夜明け前に一回目、お昼どきに二回目、午後三時ごろに三回目、日没後《にちぼつご》に四回目、そして夜に五回目の礼拝をします。

「みなさん、それは多すぎると思っているでしょう。五回もやるのは大変だ。そんなにやる必要があるのかと疑問《ぎもん》を持っていると思います」

下山さんの熱弁《ねつべん》は、ここでクライマックスに達しました。

「いいですか。みなさんは一日に食事を何回しますか？　普通《ふつう》は三回ですね。でも、夜遅《おそ》い時間にちょっとお腹《なか》がすいたと、夜食を食べることはありませんか？　そうすると、もう四回です。それから、午後三時ごろ、お菓子《かし》を食べたりケーキを食べたりしませんか？　そうすると、何回になりますか？　五回、食べていますね。だったら、五回

の礼拝と同じじゃないですか」

ツアーの参加者たちは笑いながら話を聞いていますが、説明には説得力がありました。

「ご飯は何のために食べますか？　ご飯は体の栄養でしょう。食べないと生きていけません。では、礼拝は何のためにしますか？　礼拝は心の栄養なのです。ご飯を食べないと体が生きていけないように、心のご飯をとらないと心が生きていけないのです。だから、礼拝が終わると、みんな心が元気になり、力がみなぎってくるのです」

昼間、外出していて近くに礼拝堂がないときは、持ち歩きできる礼拝マットを敷《し》いて、

説明する下山さん。「1日5回の礼拝《れいはい》は、心のご飯です」

マッカの方角を向いて礼拝《れいはい》します。下山さんは乗客で混雑《こんざつ》する大阪《おおさか》駅で静かなところを探《さが》し、新聞を敷《し》いて礼拝したこともあるといいます。

でも、イスラーム教徒はできるだけ集まって、みんなといっしょに礼拝します。なぜなら、集団で礼拝をすると、一人で礼拝するよりもアッラーから何倍ものごほうびがもらえるからです。

「イスラームでは、何でも集まってやります。いっしょだと喜びは倍に、悲しみは半分になるからです。もちろん、ご飯もいっしょに食べます。分かちあって食べると、同じ料理でも何倍もおいしいからです」

さて、ダチョウの卵《たまご》のナゾ解《と》きをしましょうか。

答えは、クモが屋根裏《やねうら》に巣を作るのを防《ふせ》ぐためです。トルコでは、ダチョウの卵がクモの撃退《げきたい》に効果《こうか》があると信じられているのです。

東京ジャーミイというモスクや、イスラームのことが少しわかってきましたか？

それにしても、下山さんはどこで、どんな少年時代を過《す》ごし、どうしてイスラーム教徒になったのでしょうか。

次章では、一九五〇年代にタイムスリップして、下山さんの子ども時代をのぞいてみることにしましょう。

第2章　未知の世界にあこがれて

自然豊《ゆた》かな里山の町

はるか南には中国山地《ちゅうごく》の山々が連なっています。夕日が沈《しず》むころ、真っ赤な空にくっきりと稜線《りょうせん》が浮《う》かび上《あ》がります。

中国山地に近い盆地《ぼんち》にある岡山県《おかやま》勝田郡《かつた》勝央町《しょうおうちょう》で、下山《しもやま》さんは生まれました。太平洋《たいへいよう》戦争が終わった四年後、一九四九年のことです。

父親の里美《さとみ》さんは農林省《のうりんしょう》（いまの農林水産省）の技官《ぎかん》で、戦前は四国《しこく》の営林署《えいりんしょ》で働いていました。戦争中はインドネシアで木材の調達を手がけ、終戦後に帰国。実家のある勝央町に居《きょ》を定めました。

下山さんは六人兄姉の末っ子でしたが、兄や姉たちと年が離《はな》れていたので、ひとりっ子のように両親の愛情《あいじょう》を一身に受けて育ったのです。

百坪《つぼ》ほどの庭には、カキ、サクランボ、イチジクなど果物のなる木がありました。どれも父親が植えたもので、秋になると食べきれないほどの実をつけます。

下山家は、山を持っていました。休みの日には、父親といっしょに山に栗《くり》の実や薪《まき》を採《と》りに行きました。薪で風呂《ふろ》をわかすのです。山では、マツタケも採れました。採ってきたマツタケを七輪《しちりん》で焼いて食べましたが、その香《こう》ばしいにおいとおいしさは忘《わす》れられません。

勝央町立勝間田《かつまだ》小学校までは、歩いて片道《かたみち》四十分。一年中、半ズボンでズックをはいて通います。寒い冬の朝は池に氷が張《は》り、舗装《ほそう》されていない道ばたや畑に霜柱《しもばしら》が立ちます。

「サクサクサク　しゅんちゃんと　シモバシラをふんで　学校にいく」

そんな詩を書いて、賞を取ったこともありました。

小学校から帰ってくると、ランドセルを部屋《へや》に放り投げ、日が暮《く》れるまで遊ぶのが日課です。近所の子どもたちと神社の境内《けいだい》で野球をしたり、マンガ本の貸《か》し借《か》りをしたりしました。

家の前の小川は、カエルにザリガニ、ドジョウにフナなど、生き物の宝庫《ほうこ》でした。

小川は幅《はば》が二メートル、水深は五〇センチぐらいです。石を積んで流れをせき止め、水をかき出すと、フナや小魚のつかみどりです。

裏山《うらやま》に入ると、小川の源流《げんりゅう》がありました。サワガニを採《と》ったり、その奥《おく》まで登って探《たん》検《けん》ごっこをしたりしました。雑木林《ぞうきばやし》にはカブトムシやクワガタムシ、カミキリムシなどがわんさといたので、夏は虫採りに熱中しました。また、木の枝でしかけを作《つく》って、ツグミなどの野鳥を捕《つか》まえたこともあります。

「昆虫《こんちゅう》、魚、鳥、果物、マツタケまで、何でも手に入れることができる、すばらしい里山でした。真っ黒に日焼けして、思う存分《ぞんぶん》に遊んでいました」（下山さん）

吃音《きつおん》を克服《こくふく》する

下山さんの子ども時代の悩《なや》みは、吃音《きつおん》でした。

自分が吃音だと気づいたのは、小学校三年生ぐらいのときです。話そうとすると、言葉がスムーズに出てこないのです。

授業中《じゅぎょうちゅう》、先生に指名されて教科書を読んだり、意見を述《の》べたりするとき、言葉に詰《つ》まってしまうと、内心「クソ〜ッ」とくやしがっていました。

でも、遊びできたえた体力には自信がありました。下山さんは足が速く、運動会では一等賞を取ったこともあったからです。クラスで一番の俊足《しゅんそく》だったので、みんなから一目置かれていました。

学芸会では、背広《せびろ》を着てアメリカのジョン・F《エフ》・ケネディ大統領《だいとうりょう》の役をやったことがあります。このときは、セリフを覚えるのが大変でした。

運動だけでなく勉強もできるようになった下山さんは、六年生のときに児童会長になりました。児童会長になると児童総会《そうかい》のとき、講堂《こうどう》で壇上《だんじょう》に立ち、みんなの前であいさつや話をしなければなりません。原稿《げんこう》は用意してあったのですが、あいかわらず吃音《きつおん》で言葉がスムーズに出てこず、もどかしい思いをしました。

勝央《しょうおう》町立勝央中学校勝間田《かつまだ》校舎《こうしゃ》の三年生だったときもそうです。生徒会の副会長だったので、運動会で閉会《へいかい》の辞《じ》を述《の》べなければなりませんでした。家で何度も何度も練習して、何とか乗り切ったことをよく覚えています。

吃音《きつおん》を治そうと思った下山さんは、小学校のときに吃音の治し方について書かれた雑《ざっ》誌《し》の記事を読んで以来、いろいろ試していました。

そのなかでも効果《こうか》があったのが唇《くちびる》をマッサージすることと、歌うようにしゃべることです。ラジオで聞いていたビートルズの英語の歌詞《かし》を覚えて歌ったり、バナナのたたき売りの口上《こうじょう》のように節《ふし》をつけてしゃべってみたりしました。

落語家の三遊亭歌奴《さんゆうていうたやっこ》（のちの圓歌《えんか》）の十八番に「山のあなたの空遠く、幸い住むと人の言う」という語りの冒頭《ぼうとう》を「山のアナ・アナ・アナ」と、詰《つ》まる爆笑《ばくしょう》の落語がありました。それを聞いて、下山さんは「吃音《きつおん》を笑うな」と腹《はら》を立てていたのです。

足が速かった下山さん。中学では陸上部に所属《しょぞく》した（左から２人目）。

山のあなたに何がある？

下山さんが住んでいた町は、四方を山に囲まれたところでした。

家の南方に連なる山々のふもとには、鉄道が走っています。兵庫《ひょうご》県姫路《ひめじ》と岡山《おかやま》県新見《にいみ》を結ぶ国鉄《こくてつ》（いまのＪＲ《ジェイアール》）姫新《きしん》線です。その線路の向こうには大きな町があり、そのはるか向こうには大阪《おおさか》、そして東京があるはずです。

「あの山の向こうには、どんな世界が広がっているのだろう。鉄道に乗って山を越《こ》え、未知の世界を見てみたい。もっと大きな世界に行ってみたい」

下山さんは『世界少年少女文学全集』を読むのが大好きで、中学時代は図書委員をしていました。「いつか見知らぬ外国に行ってみたい」というあこがれを抱《いだ》く空想少年だったのです。

中学二年生のころ、夜中に家をぬけ出し、友だちとふたりで夜の冒険《ぼうけん》に出たことがあります。

町の中心部にある銀行の近くに、ミゼットという小型の乗用車がありました。ドアに鍵《かぎ》がかかっておらず、なかを見ると鍵をさしたままでした。それで、その車に乗りこみ、友だちが運転して町を後にしたのです。べつに行くあてはありませんでした。どこか知らないところへ行きたかっただけです。

町を出てしばらく走り、田んぼのあぜ道みたいなところで立ち小便をしていたら、後ろからポンポンと肩《かた》をたたかれました。おまわりさんでした。交番の前を通ったとき、少年らしき男の子が運転しているのを見て、追いかけてきたのです。

いろいろと聞かれ、所持品も検査《けんさ》されました。家出ではないかと疑《うたが》われましたが、家に帰されました。翌日《よくじつ》、学校に行くと警察《けいさつ》から連絡《れんらく》が入っていて、校長室に呼《よ》びだされ、こっぴどくしかられたのです。

しかし、放浪癖《ほうろうへき》はその後も、止むことはありませんでした。

下山さんの部屋《へや》は家の二階にあり、すぐわきに電信柱が立っていたため、窓から電信柱を伝って外に出ることができました。だから、夜になると外に出て町をブラブラ歩き、朝までにもどることもありました。電車に乗って遠出し、早朝に帰ってきたことも何度かありました。

高校生のとき、同級生十数人が下山さんの家に集合したことがあります。その日の深夜、探検《たんけん》に行こうという話になり、みんなで外に出ました。そうして、月明かりの森をぬけ、山道を登って滝《たき》を見にいったのです。

そんなことを繰《く》り返《かえ》しているうちに、未知の世界に行ってみたいというあこがれがつのり、外国に行くにはまず東京に出なければ、と思うようになりました。

大学受験では第一志望《しぼう》だった東京外国語大学など、東京のいくつかの大学を受験しましたが、すべて滑《すべ》ってしまいました。そこで、ボストンバッグひとつを抱《かか》えて、上京したのです。

最初は千葉《ちば》県船橋《ふなばし》市に住んでいた兄の家に居候《いそうろう》し、東京・新宿《しんじゅく》区にある予備校《よびこう》に通っていましたが、兄とけんかをして家出しました。

夜遅《おそ》く兄の家を飛び出し、総武《そうぶ》線から京浜東北《けいひんとうほく》線に乗りかえ、終点の横浜《よこはま》で降《お》りました。どこで寝《ね》ようかと駅前の駐車場《ちゅうしゃじょう》を歩いていたら、鍵《かぎ》のかかっていない車があったので、そのなかにもぐりこんで一夜を明かしたのです。

それから、東京・練馬《ねりま》区にまかない付きの下宿を見つけ、三畳一間《さんじょうひとま》の部屋《へや》で暮《く》らすようになりました。

週末は部屋に一人でいるとあまりに人恋《ひとこい》しいので、何をするでもなく、新宿あたりをさまよいました。知り合いは何人かできたものの、友だちができません。ひしめきあうほど大勢《おおぜい》の人がいるにもかかわらず、ひとりぼっちです。下山さんは、都会ならではの孤独感《こどくかん》を味わったのでした。

こうして、一年間の浪人《ろうにん》生活は孤独のなかで過《す》ぎていきました。そして、二回目のトライでみごと、早稲田《わせだ》大学政治経済学部《せいじけいざい》に合格《ごうかく》したのです。

下山さんは、晴れて大学生になりました。一九六八年春のことでした。

第3章
なぜイスラーム教徒になったのか

ナイル川で洗濯《せんたく》

早稲田《わせだ》大学に入学した下山《しもやま》さんは、探検部《たんけんぶ》に入りました。大学の探検部というのは、南米のアマゾン、シルクロードの砂漠《さばく》など、世界各地の秘《ひ》境《きょう》を探検する部です。

下山さんが入部したとき、アフリカ大陸を南北に流れる世界最長、六六九五キロのナイル川を、源流部《げんりゅうぶ》からエジプトのアレキサンドリアまで探検する計画がありました。そして、第一次のナイル川全域踏査隊《ぜんいきとうさたい》が帰国したところでした。

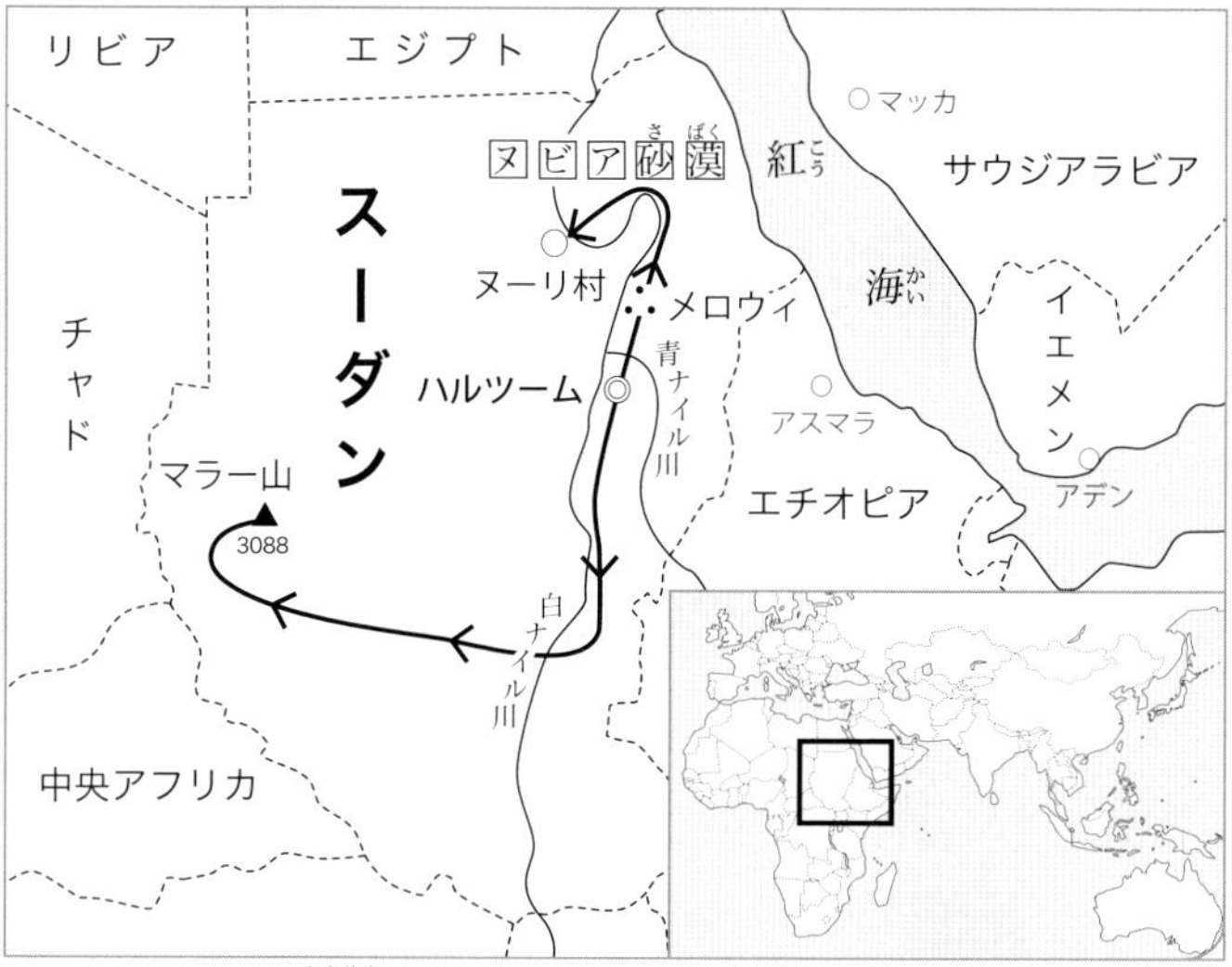

下山《しもやま》さんたちのアフリカ探険《たんけん》ルート

それで、下山さんは迷《まよ》うことなく、中《ちゅう》流域《りゅういき》のスーダンを調査する第二次隊に手を挙げたのです。四年生を隊長に、三人のチームでした。

まず手分けして企業《きぎょう》をまわって資金《しきん》を集め、ゴムボートやテント、撮影用《さつえいよう》のカメラとフィルム、非常食《ひじょうしょく》のインスタントラーメンやカレー粉などの装備《そうび》を整えました。

まだ、海外旅行がめずらしい時代です。下山さんたちは空路、東京から香港《ホンコン》、タイのバンコクを経由《けいゆ》して、南イエメンのアデンで一泊《いっぱく》。アデンから再《ふたた》び、飛行

スーダンの首都・ハルツームを流れるナイル川。世界最長の大河《たいが》だ。

機に乗ってエチオピアのアスマラ経由《けいゆ》で、スーダンの首都ハルツームに入ったのです。

下山さんたちは日本とはけた違《ちが》いの猛暑《もうしょ》のなか、スーダン内務省《ないむしょう》の窓口に通いました。白ナイルのサッドと呼《よ》ばれるスーダン南部（いまの南スーダン）の大湿原《だいしつげん》地帯をゴムボートで下《くだ》りながら流域《りゅういき》の村を調査《ちょうさ》する計画でしたが、許可《きょか》が下りません。

それで、しかたなく計画を変更《へんこう》して、スーダン北部のヌビア砂漠《さばく》を流れるナイル川の流域調査に向かいました。

下山さんたちが住みついたヌーリ村はナイル河畔《かはん》の大きな村で、運河《うんが》が縦横《じゅうおう》にめぐらさ

メロウィのピラミッド

れていました。何千本ものナツメヤシに囲まれ、畑や果樹園《かじゅえん》で農業が営《いとな》まれています。

村の空き家を借りて、近くのナイル川まで歩いていって体を洗《あら》い、服の洗濯《せんたく》もしました。飲み水もナイル川でくんだ水です。素焼《すや》きのかめに入れておくと、にごりが沈殿《ちんでん》し、ヒヤッとしておいしい水になりました。

村の子どもたちは、ロバで学校に通っていました。だから、校庭にはロバがたくさんつながれています。下山さんたちは校長先生と仲良くなり、ロバに乗って遠出しました。

近くにあるメロウィの遺跡《いせき》を探訪《たんぼう》しましたが、観光客はほとんどいません。古代エジプトの王墓《おうぼ》ピラミッドが砂《すな》に埋《う》もれようとしていました。そのなかに入ると、コウモリの群《む》れがいっせいに飛び立ちました。そこで、ファラオ（王）の像《ぞう》を拾い、胸《むね》をおどらせましたが、のちに偽物《にせもの》であることがわかり、ガッカリしたのを覚えています。

ヌーリ村の村人たちはヌビア族と呼《よ》ばれる部族で、ほとんどがイスラーム教徒です。ちょうどラマダーンという断食《だんじき》の期間で、村人たちは昼間、いっさいの飲食を断《た》っていました。日が沈《しず》むと市場に集まり、食べ物を分かちあって、にぎやかに断食明けの食事をとっていました。下山さんたちも、村人たちの家でご相伴《しょうばん》にあずかりました。

結婚式《けっこんしき》や葬式《そうしき》も見せてもらいました。結婚式では、男たちがダイナミックな踊《おど》りを踊っていました。葬式では、泣《な》き女《おんな》と呼ばれる女性《じょせい》たちが声をあげて泣いていました。

村から一時間ほど歩くと、もう砂漠《さばく》です。そこに墓地《ぼち》がありましたが、お墓と言っても石ころが置かれているだけでした。イスラームでは、日本のお寺のような墓《はか》を作らないのです。

ヌーリで二か月ほど過《す》ごした後、首都ハルツームに引き返して、もう一度、スーダン南部への入域《にゅういき》を申請《しんせい》しました。しかし、許可《きょか》を得ることができずに断念《だんねん》。下山さんたちは計画を変更《へんこう》し、スーダン西部ダルフール州のマラー山に登頂《とうちょう》することにしたのです。

日本人初の登頂《とうちょう》にチャレンジ

スーダン西部にある標高三〇八八メートルのマラー山。八合目の村から隣国《りんごく》チャドの方向を見ると、広大な大地は砂煙《すなけむり》にかすんでいます。地平線に沈む太陽は巨大《きょだい》で、まるで赤い生き物のようです。やがて夜のとばりが降《お》りると、夜空に星があるというよりは、満天が星で白く輝《かがや》いています。

ハルツームから三日三晩《みばん》、汽車に乗った後、タマネギを満載《まんさい》したトラックの荷台に乗って二日、さらにジープをチャーターして行けるところまで行きました。そこからは現地《げんち》の族長に交渉《こうしょう》して道案内を頼《たの》み、ロバ二頭に荷物をのせてマラー山を登っていったのです。

めざす村は、八合目近くにありました。下山さんたちは、この山中の村で二か月ほど

マラー山をのぞむ。スーダンの最高峰《さいこうほう》だ。

暮《く》らしました。村から見える景色《けしき》は雄大《ゆうだい》で、「これがアフリカ大陸だ」という実感を強くしたのです。

しばらくの間、準備《じゅんび》を整えると、下山さんたちは登頂《とうちょう》を試みました。

登るにつれて、しだいに草木が少なくなり、岩が多くなってきます。途中《とちゅう》、マントヒヒが木につかまってひょっこり顔を出し、下山さんたちを驚《おどろ》かせました。山道のわきには、ヒョウを生けどるため、石を積んだワナがしかけられています。

マラー山の外輪山《がいりんざん》の一角に到達《とうたつ》すると、コバルトブルーの美しい湖がふたつ見えて

市場にむしろを売りに行く人々と山道ですれちがう。

きました。火山の火口に雨水がたまったものです。

湖の岸辺は、白く泡立《あわだ》っていました。近くまで行くと、それが岩塩《がんえん》であることがわかりました。ソルトレイク（塩湖《えんこ》）です。岩塩が溶《と》けて、湖は青く澄《す》んでいたのです。

ここで水を補給《ほきゅう》できると思っていたので、下山さんたちはがっかりしました。でも、ナップザックに入れてきた昼食用のジャガイモに、その塩をつけて食べ、気を取りなおしました。

昼食後は、道なき道を進みました。暑さと疲《つか》れで足どりは重く、息が切れてきます。あとは気力をふりしぼって、岩ばかりの急斜面《きゅうしゃめん》をひたすら登るだけです。

そして、三人は倒《たお》れこむようにして、ついに山頂《さんちょう》にたどり着いたのです。日本人として初めて、マラー山の登頂《とうちょう》に成功《せいこう》した瞬間《しゅんかん》でした。

「やった！」という達成感が、体中に満ちてきます。下山さんたちは肩《かた》を抱《だ》きあって喜び、しばし頂上《ちょうじょう》に滞在《たいざい》して記念《きねん》写真を撮《と》りました。

下山する途中《とちゅう》、下山さんの足の裏《うら》の厚《あつ》い皮がむけて、歩けない状態《じょうたい》になりました。それで、近くの村で助けをもとめ、泊《と》めてもらうことにしました。

日本と違《ちが》って、スーダンの人たちはみな親切で、いやな顔もせずに泊めてくれました。その家の家族たちと川の字になって寝《ね》たのです。

下山さんがしょんぼりしていると、家の人が蜂《はち》の巣を採《と》ってきてくれました。手で割《わ》ると、なかから蜂蜜《はちみつ》がトロ〜リとこぼれます。その蜂蜜のおいしかったこと。いまでも、下山さんは思い出します。

その家の家族に深く感謝《かんしゃ》して、村への帰路についたのです。

イスラーム教徒の村

山腹《さんぷく》の村には約五十家族、数百人が暮《く》らしていました。そのときは気づきませんでしたが、全員がイスラーム教徒でした。

下山さんたちが居候《いそうろう》した族長の家は、石を積んだ壁《かべ》のうえに木で枠組《わくぐ》みを作り、屋根を枯《か》れ草《くさ》でふいた質素《しっそ》な家でした。石のすき間は、泥《どろ》や牛のフンでふさいであります。族長の妻《つま》は、赤《あか》ん坊《ぼう》にお乳《ちち》を飲ませていました。どこの家も子だくさんで、子どもたちが村中をかけまわっていました。

電気やガスはもちろん、水道もありません。下山さんたちは族長の家で寝起《ねお》きしながら、タマネギやジャガイモを栽培《さいばい》する畑仕事や、沢《さわ》から水をくみ上げる水くみを手伝ったりしました。

ある朝早く目覚めると、不思議《ふしぎ》なコーラスが聞こえてきました。

何だろうと思って見にいくと、村はずれに子どもたちだけ二十人近くが住んでいる家がありました。ワラで囲っただけの粗末《そまつ》な作りです。子どもたちは小学校低学年から高学年ぐらいの年齢《ねんれい》で、共同生活をしながら何かを勉強していました。

そのときはわからなかったのですが、イスラームの聖典《せいてん》クルアーンの学校でした。子どもたちは、礼拝《れいはい》のときにとなえるクルアーンの一節《いっせつ》を声に出して読んでいたのです。ノートなどありませんから、木の板に墨《すみ》で書かれたアラビア語を年長の子どもが読み上げるのを、年少の子どもが繰《く》り返《かえ》していました。

「子どもたちはふだん、スーダンの部族の言葉で話します。彼《かれ》らにとってアラビア語でクルアーンをとなえることは、日本の子どもが英語を勉強するようなことでした。イスラームという宗教《しゅうきょう》と先進文明に接《せっ》する最初の一歩だったのです」（下山さん）

下山さんが通訳《つうやく》を通して「将来《しょうらい》、何になりたい？」とたずねると、子どもたちは「トラックの運転手」「飛行機のパイロット」などと笑顔《えがお》で答えました。

「どこから来たのか」と聞くと、「あの山の向こうから」と答えます。貧《まず》しくて学校に行けない子どもたちが、遠くの村から集まってきているようでした。

年上の子どもたちが親の代わりで、小さい子どもたちの面倒《めんどう》を見ます。草原の草を刈《か》

自宅に居候《いそうろう》させてくれた村の族長と（左）。
言葉も通じない下山さんたちを、あたたかく迎《むか》えてくれた村人たち（下）。

主食のドコンを料理する。下山さんたちもごちそうになった。

ってきてむしろを編《あ》み、市場で売ってわずかなお金を得ていました。

食事も自炊《じすい》です。村の家を回って、ヒョウタンを割《わ》った入れ物に、ドコンと呼《よ》ばれるアワのような穀物《こくもつ》を分けてもらいます。それを石と石ですって粉にし、お湯で練ったものに野菜スープをかけて食べていました。

下山さんは初め、香辛料《こうしんりょう》のにおいが鼻について食べられませんでしたが、そのうちに慣《な》れて、子どもたちといっしょに食べるようになりました。

礼拝《れいはい》する村人。下山さんはのちに彼《かれ》らがイスラーム教徒だと知った。

牛を解体《かいたい》する

マラー山の中腹《ちゅうふく》には草原のような平地があり、そこで市場が定期的に開かれていました。山の民《たみ》は主食のドコンをはじめ、タマネギやトマトなどの野菜や山菜、バナナやパパイヤ、マンゴーといった果物、それに草を編《あ》んで作ったむしろなどを売っています。

また、遊牧民がやってきて、生きた牛をはじめ、肉やミルク、チーズなどを売っていました。肉は家のなかにつるし、干《ほ》し肉《にく》にして料理に使っていました。

小ぶりのトマトは半分に切って屋根の

うえで干《ほ》し、乾燥《かんそう》トマトにしています。下山さんは、ニワトリの肉を乾燥トマトといっしょに煮《に》こんだダマという料理を食べましたが、とてもおいしかったのを覚えています。

あるとき、市場に行くと、牛を一頭丸ごと解体《かいたい》するところに出くわしました。族長が牛を横倒《よこだお》しにして頸動脈《けいどうみゃく》にナイフを当て、「ビスミッラーヒ・ラフマーニ・ラヒーム（慈悲《じひ》深き神の名前によって）」ととなえ、一気にかき切ると、赤い血がバーッとふき出しました。そのときはわかりませんでしたが、これはイスラームのやり方です。

そうして、ナイフで皮をはぎ、腹《はら》を切り、内臓《ないぞう》を取り分け、みごとな手さばきで肉が切り出されていきます。

牛を殺すところを見るのは、もちろん初めてでした。下山さんたちは牛がみるみるうちに解体されて肉になっていくさまを、息をのんで見つめました。

ずっと後になって、下山さんがイスラーム教徒になってからわかったことですが、首の動脈を切って殺すのには理由がありました。それは、牛が苦しまずに死ねるからです。変なところを切ったら、牛はいつまでも死ねずに、もがき苦しむことになります。

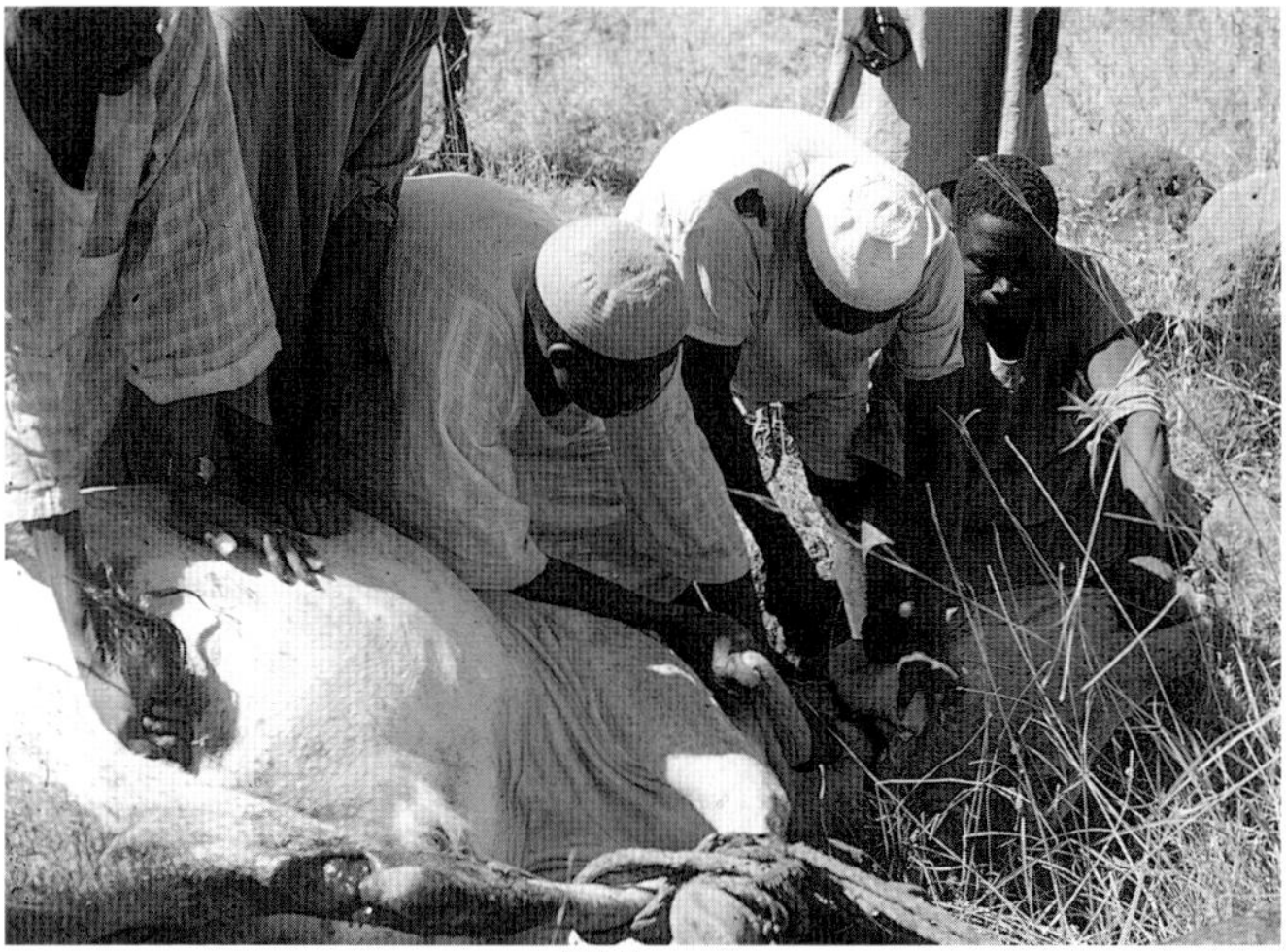

牛を解体《かいたい》する人々

下山さんはスーダンの市場でのできごとを話しながら、かみしめるように言いました。

「牛の頸動脈《けいどうみゃく》を切ると、赤い血がふき出します。日本人は血を見るだけで、『ウワッ、残酷《ざんこく》』などと言いますが、そうではありません。それが牛に対するいたわりなのです。人間は、他の生き物のいのちをいただいて生きていることを忘《わす》れてはいけません」

スーパーに並《なら》んでいるスライスされた肉を見ても、よほど想像力《そうぞうりょく》を働かさないと、殺した動物の肉であることに思いいたりません。イスラーム教徒はアッラーの名をとなえ、動物にいたわりの言葉をかけて、いのちをいただいているのです。

二十歳《はたち》のころ、スーダンで過《す》ごした一年間は、下山さんにとって貴重《きちょう》な体験になりました。当時はよくわかりませんでしたが、あとから振《ふ》り返《かえ》ると、この旅がまさにイスラームとの出会いだったのです。

運命の出会い

日本に帰国した下山さんは、まるで浦島太郎《うらしまたろう》のようでした。

東京・豊島《としま》区のアパートに四畳半《よじょうはん》の部屋《へや》を借りましたが、池袋《いけぶくろ》の街を歩いていると、不思議《ふしぎ》な感覚にとらわれました。ひしめきあうほどたくさんの人間が歩いているのに、ひとりぼっちなのです。またしても、底なしの孤独感《こどくかん》が下山さんを襲《おそ》いました。

一年もの間、留守《るす》をしていたので、大学に行っても同級生たちはよそよそしく、自分の居場所《いばしょ》がないように感じたのです。

下山さんは大学に行く気にならず、生活費《せいかつひ》を稼《かせ》ぐために働き始めました。

知り合いのつてで始めたアルバイトは、日本テレビの番組「金原二郎《きんばらじろう》モーニングショー」のアシスタント・ディレクター、通称AD《つうしょうエーディー》です。この番組は、泉《いずみ》ピン子やばばこういちらがレポーターとして事件《じけん》についてリポートし、人気番組になりました。

地方の新聞をすみからすみまで読んで、テレビ向きのおもしろいネタを見つけると、現地《げんち》の警察《けいさつ》や関係者に電話してレポーターといっしょに現地に行き、取材するのがADの仕事でした。仕事そのものはおもしろいし、収入《しゅうにゅう》もよかったのですが、毎週のように全国を飛び歩いて取材する繰《く》り返《かえ》しです。下山さんは孤独感を忘《わす》れるほど仕事に没頭《ぼっとう》しましたが、達成感はありませんでした。

そんなとき、下山さんはひとりの留学生《りゅうがくせい》と出会います。

その人が、ムサ・モハメッド・オマルさんでした。一九七〇年四月、早稲田《わせだ》大学理工学部建築《けんちく》学科が受け入れたスーダンからの初めての留学生です。

ムサさんはハルツーム大学を卒業した後、スーダンの建設省《けんせつしょう》に勤《つと》め、ピラミッド見学者のためのゲストハウスなどを作る仕事をしていました。

早稲田《わせだ》大学に入学したムサさんは、まず日本語を学ぶクラスに入りました。ところが、クラスの留学生《りゅうがくせい》たちはすでに日本語をある程度《ていど》、勉強していて、ひらがな・カタカナも知らないのはムサさんだけでした。

先生には「友だちに教えてもらいなさい」と言われましたが、まだ友だちがいません。しょんぼりして大学の事務所《じむしょ》に行くと、職員《しょくいん》が「あなたが来るのを待ちかねて、毎日来ている学生がいる」と言うのです。

何のことかわからず、ムサさんがポカンとしていると、下山さんが事務所に入ってきました。ムサさんが早稲田に来ることを大使館の書記官から聞いて知った下山さんは「まだか、まだか」と毎日のように大学の事務所に通ってきていたのでした。

「アッラーからの贈《おく》り物《もの》でした。下山さんがつきっきりでコーチしてくれて、ひらがな・カタカナを覚えました」(ムサさん)

下山さんもムサさんに会えたのがうれしくて、スーダンでの冒険《ぼうけん》旅行を夢中《むちゅう》になって話しました。そして、滞在《たいざい》した村がイスラーム教徒の村だったこと、子どもたちが声を出して読んでいたのがクルアーンだったこと、イスラーム教徒はアッラーに祈《いの》りをささげて動物を解体《かいたい》することなどを、ムサさんから教えてもらったのです。

こういうのを運命の出会いというのでしょう。ふたりは生涯《しょうがい》の親友となりました。

「二十歳《さい》でアフリカを探検《たんけん》したのは、すごいこと。下山さんは、勇敢《ゆうかん》で純情《じゅんじょう》な、ぼくの弟です」（ムサさん）

ムサさんはパキスタンやバングラデシュ、サウジアラビアなど、各国から留学《りゅうがく》していたイスラーム教徒とつながっていきました。だから、ムサさんと友だちになってから、下山さんのまわりはいつも留学生たちでいっぱいです。もう孤独《こどく》どころか、友だちだらけです。

大学祭ではムサさんといっしょに、スーダンの文化を伝える展示《てんじ》をした。

ムサさんは、日本語を猛勉強《もうべんきょう》しました。留学生《りゅうがくせい》による日本語の弁論《べんろん》大会に出場して優勝《ゆうしょう》し、ムサさんを主人公にしたドキュメンタリー番組がNHK《エヌエイチケー》教育テレビで放送されました。

日本語をマスターしたムサさんは、早稲田《わせだ》大学の博士課程《はかせかてい》で学びながら、建築家《けんちくか》として日本を代表する建築家・丹下健三《たんげけんぞう》の事務所《じむしょ》で働きます。のちに二回にわたって、スーダンの日本大使もつとめました。そして、フリーの編集者《へんしゅうしゃ》となっていた下山さんと組んで、スーダン大使館のパンフレットを作成したりもしました。

日本を愛しているムサさんは二〇一四年に日本国籍《こくせき》を取り、現在《げんざい》はイスラミック・センター・ジャパンの代表代行をつとめています。

ラクダみたいな大男

下山さんは大学三年生から四年生にかけて、一年間にわたってテレビの仕事をしましたが、自分が一生を賭《か》けてする仕事だとはどうしても思えませんでした。

そんなとき、知り合いからさそわれ、今度は防水《ぼうすい》工事の仕事を始めたのです。親方たちといっしょに、全国の工場を回って工事をしました。

あっという間に、四年間が過ぎ《す》ていきました。この間、大学にはまったく行っていませんでした。宮城《みやぎ》県仙台《せんだい》市の焼き肉屋で食事をしているとき、「大学から授業料《じゅぎょうりょう》が未納《みのう》になっているけれども、どうしますかという電話がかかってきたよ」と親方に言われました。下山さんは考えた末、卒業しないまま大学をやめたのです。

とはいうものの、防水工事を一生の仕事にしようという覚悟《かくご》もありません。

そんなとき、新聞を読んでいて「編集者募集《へんしゅうしゃぼしゅう》」という広告が目につきました。編集者というのは、本や雑誌《ざっし》の記事を企画《きかく》し、編集・出版《しゅっぱん》する仕事です。これなら、未知の世界を取材して読者に伝えることができます。

さっそく応募《おうぼ》して面接《めんせつ》を受けたところ、下山さんは百人以上の応募者《おうぼしゃ》のなかから採用《さいよう》されました。きっとアフリカ探検《たんけん》や、日本テレビで取材記者の仕事をしていたことが評《ひょう》価《か》されたのでしょう。

それで、「レジャーアサヒ」という雑誌《ざっし》の編集《へんしゅう》部員として働き始めたのです。二十五歳《さい》のときでした。

ムサさんが留学生《りゅうがくせい》として早稲田《わせだ》大学に通っていたころ、下山さんはムサさんの紹介《しょうかい》で、もうひとりのイスラーム教徒と出会っていました。

その人が、イラク人のサーレ・マハディ・サマライさんです。のちにサウジアラビアのリヤド大学やキング・アブドゥル・アズィーズ大学で教授《きょうじゅ》をつとめましたが、当時は日本に留学《りゅうがく》し、東京大学農学部の博士課程《はかせかてい》で学んでいました。

東京・新宿《しんじゅく》の中村屋《なかむらや》で初めて会ったサマライさんは大きな男で、ど〜んとしていて日本人にない大らかなタイプでした。下山さんは「ラクダみたいなヤツだなあ」と思いました。熱弁《ねつべん》をふるいますが、他人を非難《ひなん》したり悪く言ったりすることは一切ありません。いさぎよいところは、サマライというよりは日本の「サムライ」のようです。

意気投合したふたりは、生涯《しょうがい》の親友になったのです。

サマライさんは「日本にイスラームの布教《ふきょう》センターをつくりたい」と熱心に訴《うった》えまし

郵便はがき

料金受取人払郵便

牛込局承認

6142

差出有効期間
平成32年4月
20日まで有効
(切手をはらずに
お出しください)

162-8790

東京都新宿区市谷台町
四番一五号

株式会社小峰書店
愛読者係

ご愛読者カード　今後の出版企画の参考にいたしたく存じます。ご記入の上ご投函くださいますようお願いいたします。

今後，小峰書店ならびに著者から各種ご案内やアンケートのお願いをお送りしてもよろしいでしょうか。ご承諾いただける方は，下の□に○をご記入ください。

□ 小峰書店ならびに著者からの案内を受け取ることを承諾します。

・ご住所　〒

・お名前　（　　歳）男・女

・お子さまのお名前

・お電話番号

・メールアドレス（お持ちの方のみ）

ご愛読ありがとうございます。
あなたのご意見をお聞かせください。

この本のなまえ

この本を読んで、感じたことを教えてください。

の感想を広告等、書籍のPRに使わせていただいてもよろしいですか?
（実名で可・匿名で可・不可）

の本を何でお知りになりましたか。
書店　2. インターネット　3. 書評　4. 広告　5. 図書館
その他（　　　　　　　　　　）

にひかれてこの本をお求めになりましたか？（いくつでも）
テーマ　2. タイトル　3. 装丁　4. 著者　5. 帯　6. 内容
絵　8. 新聞などの情報　9. その他（　　　　　　　　　　）

峰書店の総合図書目録をお持ちですか？（無料）
持っている　2. 持っていないので送ってほしい　3. いらない

業
学生　2. 会社員　3. 公務員　4. 自営業　5. 主婦
その他（　　　　　　　　　　）

ご協力ありがとうございました。

サマライさんと下山さん。家族ぐるみのつきあいとなった。

た。イスラームに興味《きょうみ》を持っていた下山さんは「へえ〜、おもしろそうだな」と思い、サマライさんの夢《ゆめ》の実現《じつげん》に協力することにしました。

最初は東京・世田谷区《せたがや》にあったマンションの一室を借りて、サマライさんとムサさんと三人で細々《ほそぼそ》と準備《じゅんび》を始めました。そして、イスラミック・センター・ジャパンを設立《せつりつ》したのです。一九七四年十二月のことです。

このセンターでは、日本人にイスラームを理解《りかい》してもらうための出版物《しゅっぱんぶつ》の刊行《かんこう》やイベントの開催《かいさい》のほか、国内にいる外国人イスラーム教徒のためのイベントを企画《きかく》しました。活動資金《しきん》は、サウジアラビアのファイサル国王から出されました。

下山さんは編集者《へんしゅうしゃ》としての腕《うで》を買われて、スタッフとなりました。イスラーム入門の本や冊子《さっし》などを数多く作成し、「アッサラーム」という雑誌《ざっし》も発行しました。礼拝《れいはい》のしかたや断食《だんじき》などを取り上げ、自分にとっても大いに勉強になったといいます。

イスラーム教徒になる

「サウジアラビアに留学《りゅうがく》して、アラビア語を学んだらどうか」

サマライさんは、下山さんに留学をすすめました。イスラームの仕事をするには留学してイスラームについて学んだ方がよいし、アラビア語が絶対《ぜったい》に必要だというのです。下山さんは映画《えいが》「アラビアのロレンス」が大好きだったので、砂漠《さばく》の国のことを想像《そうぞう》してワクワクしました。

そして、サマライさんが言ったのです。

「サウジアラビアに留学するには、イスラーム教徒にならないといけない」

じつはイスラーム教徒にならなくても、留学できる道はありました。でも、このひと言が下山さんの背中《せなか》を強く押《お》しました。

下山さんはこのとき、イスラームに入信することを決意したのです。一九七六年、二十七歳《さい》のことでした。

「決め手は、友人たちとのふれあいでした。たくさんの留学生《りゅうがくせい》と友だちになっていました。イスラーム教徒になって、彼《かれ》らと兄弟のようになるのはステキだなと思いました。小さなころからあこがれていた未知の世界への扉《とびら》が、またひとつ開くような気がしたのです」

場所は東京回教礼拝堂《かいきょうれいはいどう》。東京ジャーミイが建てられる前の古い東京モスクです。礼拝堂で、下山さんはイマーム（指導者《しどうしゃ》）や信徒たちといっしょに座《すわ》りました。イマームがクルアーンを読み、あいさつをしました。

続いて、下山さんがシャハーダ（信仰告白《しんこうこくはく》）をしました。

「アシュハドゥ・アッラー・イラーハ・イッラッラー　アシュハド・アンナ・ムハンマダッ＝ラスールッラー（私《わたし》は証言《しょうげん》します、アッラーのほかに神はなし、預言者《よげんしゃ》ムハンマドはアッラーの使徒《しと》である）」

たった、これだけです。

イスラーム教徒になるために、試験や資格《しかく》はありません。クルアーンをよく知っているとか、戒律《かいりつ》を知っているとか、アラビア語がわかるとかいった条件《じょうけん》は何もありません。心でアッラーを信じ、それを告白するだけで、誰《だれ》でも簡単《かんたん》になれるのです。

イスラーム教徒になった下山さんに、まわりにいたイマームや信徒たちが次々に握手《あくしゅ》を求めてきました。まるで兄弟のように。ムサさんやサマライさんは下山さんを祝福《しゅくふく》し、その入信をわがことのように喜んでくれました。

こうして、下山さんはイスラーム教徒になったのです。

「クルアーンを読んでりっぱなことが書いてあるから、信徒になろうと思ったのではありません。サウジアラビアに行ってみたいという思いが強かったのです。そんなささい

なことから門をたたき、扉《とびら》のなかに入りました」（下山さん）

下山さんは、大学やアルバイト先にも日本人の友だちがいました。ムサさんやサマライさんとの友情《ゆうじょう》とどこが違《ちが》うのでしょうか。

「ムサさんたちと喜びも悲しみもともにしながら、これからの人生をいっしょに歩んでいけると思うとワクワクしました。それは、イスラーム教徒ならではの喜びであり、世界が変わっていくような気がしたのです」

両親や兄姉には、ずっとあとになって報告《ほうこく》しました。反応《はんのう》はといえば、大きな驚《おどろ》きはなかったものの、祝福もされず、「おまえはおまえの人生を行けばいい」というものでした。

下山さんはサウジアラビア留学《りゅうがく》のために出版社《しゅっぱんしゃ》の編集《へんしゅう》部員をやめていましたが、ファイサル国王が暗殺《あんさつ》されるという大事件《だいじけん》が起きたため、留学の話は取りやめになりました。

それで、下山さんはイスラーム教徒として生きていくかたわら、編集プロダクションを設立《せつりつ》して、取材・執筆《しっぴつ》・撮影《さつえい》・編集などの仕事を引き受けることになったのです。

イスラームの基本《きほん》Q&A

イスラームってどんな宗教《しゅうきょう》？ 信徒が守らなければならないきまりは？ ここでは、そうしたイスラームの基本についてお話しします。（編集部《へんしゅうぶ》）

Q いつ、どこで始まったの？

A 西暦《せいれき》**六一〇年ごろ**、アラビア半島の商業都市**マッカ**（メッカ）に住んでいた**ムハンマド**（五七〇年ごろ〜六三二年）という商人が、神の言葉を聞くという不思議《ふしぎ》な体験をした。ムハンマドはこれに恐《おそ》れおののいたが、やがて自分にくだされた神の言葉を人々に伝えだした。これがイスラームの始まりとされる。唯一《ゆいいつ》の神**アッラー**にしたがい、富《とみ》の独占《どくせん》を認《みと》めないというその教えは、多神教《たしんきょう》を信《しん》仰《こう》するマッカの有力者たちから厳《きび》しく弾圧《だんあつ》された。このため、ムハンマドらはマッカ北部の都市**マディーナ**へと逃《のが》れた。ここで着実に信徒をふやし、六三〇年に一万人の兵をひきいて無血のうちにマッカを征服《せいふく》。多神教の神殿《しんでん》だった**カアバ**をイスラームの神殿とした。これをきっかけにイスラームはアラビア半島全域《ぜんいき》に広まり、ムハンマドの死後も世界各地に伝わっていった。ムハンマドは「神の言葉を預《あず》かった人」という意味で「**預言者**《よげんしゃ》」と呼《よ》ばれる。

Q クルアーンって、どんなもの？

A ムハンマドが二十年以上にわたってさずかった神の言葉をまとめた**イスラームの聖**《せい》

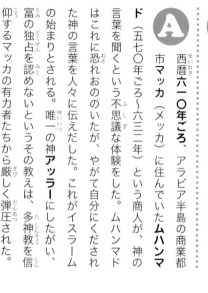

マッカとマディーナの位置

典《てん》。アラビア語で書かれ、一一四の章からなる。**アッラーのほかに神はおらず、預言者《よげんしゃ》ムハンマドはその使徒《しと》である**というのが教えの基本《きほん》。それとともに社会のルールや、日常生活《にちじょうせいかつ》で守るべきことが記されている。「イスラーム教徒にとって、人生のガイドブックといえる書物です」（下山《しもやま》さん）

Q どんなきまりがあるの？

A **六信五行《ろくしんごぎょう》**と呼《よ》ばれるきまりが中心。六つの**「信じるべきこと」**（唯一神《ゆいいつしん》・天使・啓典《けいてん》・使徒《しと》・終末の日・運命）と、五つの**「おこなうべきこと」**（信仰告白《しんこうこくはく》・一日五回の礼拝《れいはい》・喜捨《きしゃ》・断食《だんじき》・巡礼《じゅんれい》）が定められている。いっぽうで豚肉《ぶたにく》や酒を口にしてはならない、女性《じょせい》は体の美しいところを家族以外に見せてはいけないなど、**「してはいけないこ**

と」も決められている。「ぼくは入信当初、こうしたきまりごとをおこなうのは大変だなあと感じていました。だけどだんだん、イスラームと日本の伝統《でんとう》文化には似《に》たところがあると思えるようになりました。茶道《さどう》や武道《ぶどう》には型がありますⅰ。イスラームの礼《れい》拝《はい》、断食《だんじき》なども、みんな型です。型をしっかり覚え、そこから道（信仰《しんこう》）をきわめていくところがよく似ています」（下山さん）

Q 礼拝《れいはい》や断食《だんじき》ができなかったらどうするの？

A **別の機会に埋《う》めあわせることなどが認《みと》められている。**たとえば決められた時間に礼拝できなかった場合は、次の礼拝の時間までにおこなえばよいとされている。断食についても、病気の人や妊娠中《にんしんちゅう》の人、体が弱っているお年寄《としよ》りなどはおこなわなくてもよいとされている。ただし病気が治ったり、妊娠を終えたりしたら、体の状態《じょうたい》を見ながら、できなかった日数分の断食をしなくてはならない。お年寄りは断食をしないかわりに、貧《まず》しい人たちに食事を提供《ていきょう》する。

Q 子どもはいつから信徒になるの？

A **イスラーム教徒を父親にもつ子どもは、生まれながらに信徒となる。**イスラーム諸国《しょこく》では、幼《おさな》いころから親といっしょにモスクに行き、早い子では小学校に入学する前からクルアーンを学びはじめる。断食《だんじき》は、早ければ小学生になるころから、むりなくできる範囲《はんい》で始める。思春期になると、一人前の判断力《はんだんりょく》をそなえていると認《みと》められ、おとなと同じように信徒のつとめをはたすようになる。

人口に占《し》めるイスラーム教徒の割合《わりあい》

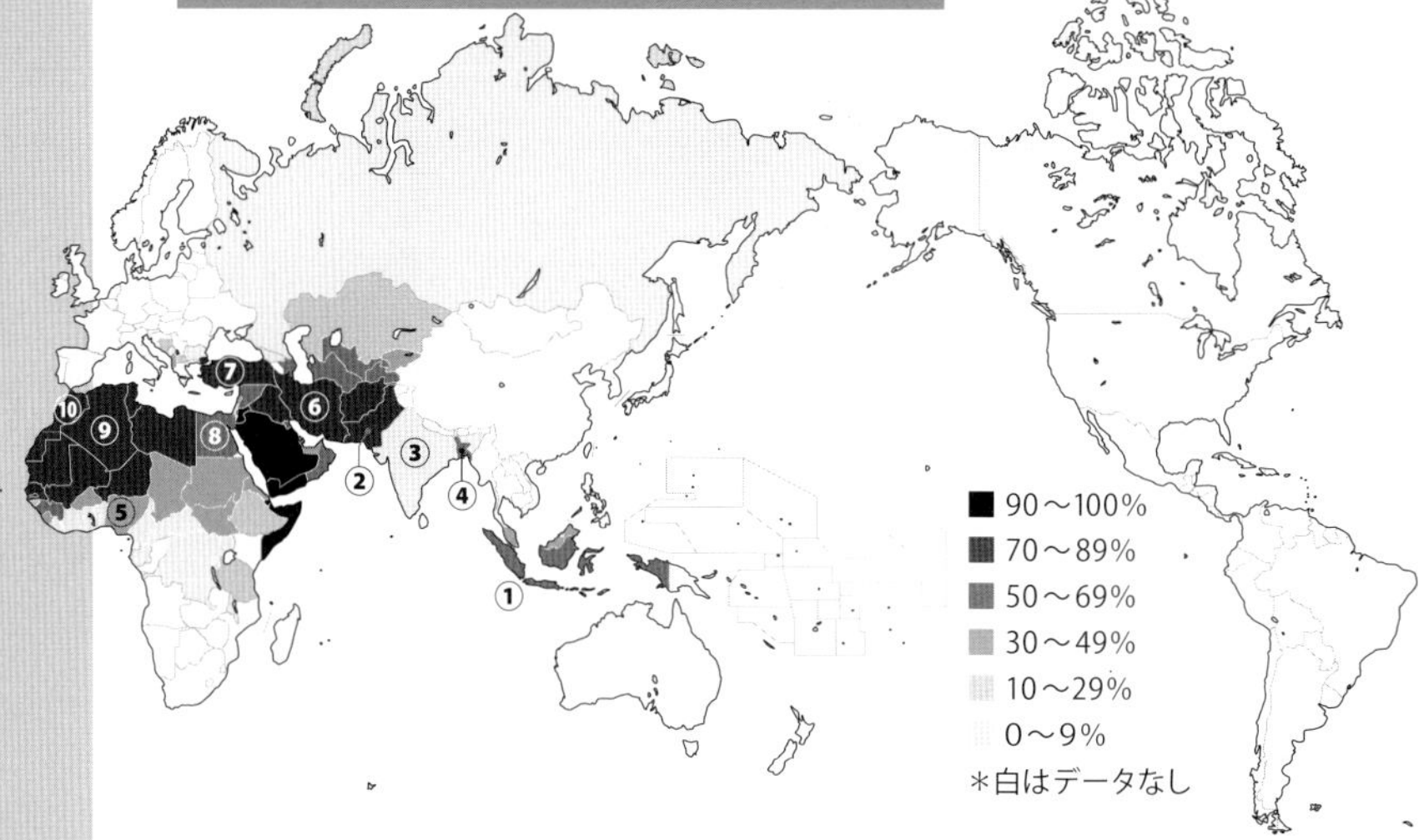

Q 現在《げんざい》、世界にどれくらいイスラーム教徒はいるの？

A **約一六億人**と推定《すいてい》されている。**世界の人口のおよそ四人にひとり**の割合《わりあい》だ。東南アジアから南アジアにかけての地域《ちいき》にもっとも多い。日本には、海外からやってきたイスラーム教徒約一〇万人が暮《く》らしており、日本人の信徒も一万人ほどいるとみられる。

信徒の多い国ベスト10

①インドネシア	1億9240 万人
②パキスタン	1億7504 万人
③インド	1億5351 万人
④バングラデシュ	1億3827 万人
⑤ナイジェリア	8768 万人
⑥イラン	7605 万人
⑦トルコ	7306 万人
⑧エジプト	6926万人
⑨アルジェリア	3909 万人
⑩モロッコ	3268 万人

＊各国のイスラーム教徒の数と、人口に占める信徒の割合は、店田廣文「イスラーム教徒人口の推計2013年」(2015)によった。

第4章 イスラームの世界を見る

人間はちっぽけだ

高さ五十メートル近い岩山の切り立った断崖絶壁《だんがいぜっぺき》。その崖《がけ》っぷちまで無我夢中《むがむちゅう》ではいつくばっていくと、眼下《がんか》のミナーの谷には見たこともない光景が広がっていました。「悪魔《あくま》への石投げ」と呼《よ》ばれる儀式《ぎしき》をするために、数万人もの大群衆《だいぐんしゅう》がひしめきあっていたのです。ウォーンウォーンという叫《さけ》び声《ごえ》とも喜びの声ともつかぬ不思議《ふしぎ》な音が、谷間に響《ひび》きわたっています。

巡礼者《じゅんれいしゃ》たちは、拾ってきた七個《こ》の小石を、穴《あな》のなかに投げつけていました。そうする

と、悪魔を追いはらうとともに、自分の邪心《じゃしん》も追いはらうことができると言われている
からです。
ひとりひとりの巡礼者が、米粒《こめつぶ》のように小さく見えます。しかし、米粒と違《ちが》って、み
んな自分の意志《いし》をもって動いているのです。
「人間はなんてちっぽけなんだろう。だけど、すばらしい」
カメラをかまえてシャッターを切りながら、下山《しもやま》さんは崖っぷちにいる恐怖《きょうふ》もしばし
忘《わす》れ、そんな思いにひたっていました。
一九七九年冬、三十歳《さい》のときです。雑誌《ざっし》の仕事で巡礼《じゅんれい》の写真を撮影《さつえい》するために、下山
さんはマッカ（メッカ）を訪《おとず》れました。聖地《せいち》での巡礼を紹介《しょうかい》することによって、イスラ
ームをもっと日本人に知ってもらいたいと考えたのです。同時に、自分も生まれて初め
てのマッカ巡礼をおこなえるのですから、一石二鳥です。
日本人は、メッカという言葉をよく使います。甲子園《こうしえん》は高校野球のメッカだとか、大《おお》
阪《さか》はお笑いのメッカだとか言いますが、マッカがどこにある、どんな都市なのか知って

聖地《せいち》マッカのミナーの谷。おびただしい数の人々が「悪魔《あくま》への石投げ」という儀式《ぎしき》をおこなっている（現在《げんざい》、この施設《しせつ》は新しいものとなっている）。

いる人は多くありません。

マッカは、日本から西へおよそ九千キロ、サウジアラビアの西部にある国際《こくさい》都市で、アラビア半島に広がる荒野《こうや》の果てにあります。

上空から見ると、火山の谷間に街があり、草木の緑はほとんどありません。「こんなところによく人間が生きてきたものだ。人々がイスラームという宗教《しゅうきょう》を求めたわけは、この風土にあるのかもしれない」と下山さんは感じました。

マッカは、マディーナやイスラエルのエルサレムと並《なら》ぶイスラームの聖地《せいち》で、いまの人口は百七十万人。世界百か国もの国や地域《ちいき》から、年間数百万人もの信徒が巡礼《じゅんれい》に訪《おとず》れます。

世界中のイスラーム教徒は、マッカにある聖《せい》モスク内のカアバ神殿《しんでん》に向かって、毎日五回の礼拝《れいはい》をしているのです。そして、健康《けんこう》で経済的《けいざいてき》に余裕《よゆう》のある信徒は、一生に一度はマッカに巡礼《じゅんれい》（ハッジ）に行かねばなりません。

下山さんの撮影《さつえい》スタイルは早稲田《わせだ》大学探検部《たんけんぶ》仕込《じこ》みで、「テクニックにとらわれるな。

聖地《せいち》マッカ。アラビア半島の荒野《こうや》に位置する国際《こくさい》都市だ。

一歩でも二歩でも前に出ろ」が身上《しんじょう》です。前に出て撮影する対象に近づけば、人とは違《ちが》ったスゴい写真が撮《と》れるという先輩《せんぱい》直伝《じきでん》の流儀《りゅうぎ》でした。

八二ページの写真が、崖《がけ》の上をほふく前進して撮った写真ですが、どうですか？

それから、次のページの写真はバスのなかから窓枠《まどわく》に身を寄《よ》せて、スローでシャッターを切った写真です。荒野を夜通し歩いて次の目的地に向かう信徒たちの熱情《ねつじょう》が伝わってきませんか。

マッカ巡礼は、イスラーム教徒しかできません。イスラーム教徒でなければ、定め

移動《いどう》する巡礼者《じゅんれいしゃ》。みなイフラームという巡礼服《じゅんれいふく》に身をつつんでいる。

られた地点からなかへは入れないのです。下山さんはイスラーム教徒でしたが、カメラをぶら下げて写真を撮《と》っていたら、警察《けいさつ》に捕《つか》まって職務質問《しょくむしつもん》されるのは目に見えていました。

そこで、親友のサマライさんに相談したところ、サマライさんが教授《きょうじゅ》をしているサウジアラビアのキング・アブドゥル・アズィーズ大学の巡礼撮影《じゅんれいさつえい》チームにもぐりこめるように話をつけてくれました。

こうして、下山さんは飛行機で、東京の羽田《はねだ》空港からバングラデシュの首都ダッカを経《へ》て、サウジアラビアのジェッダ空港に

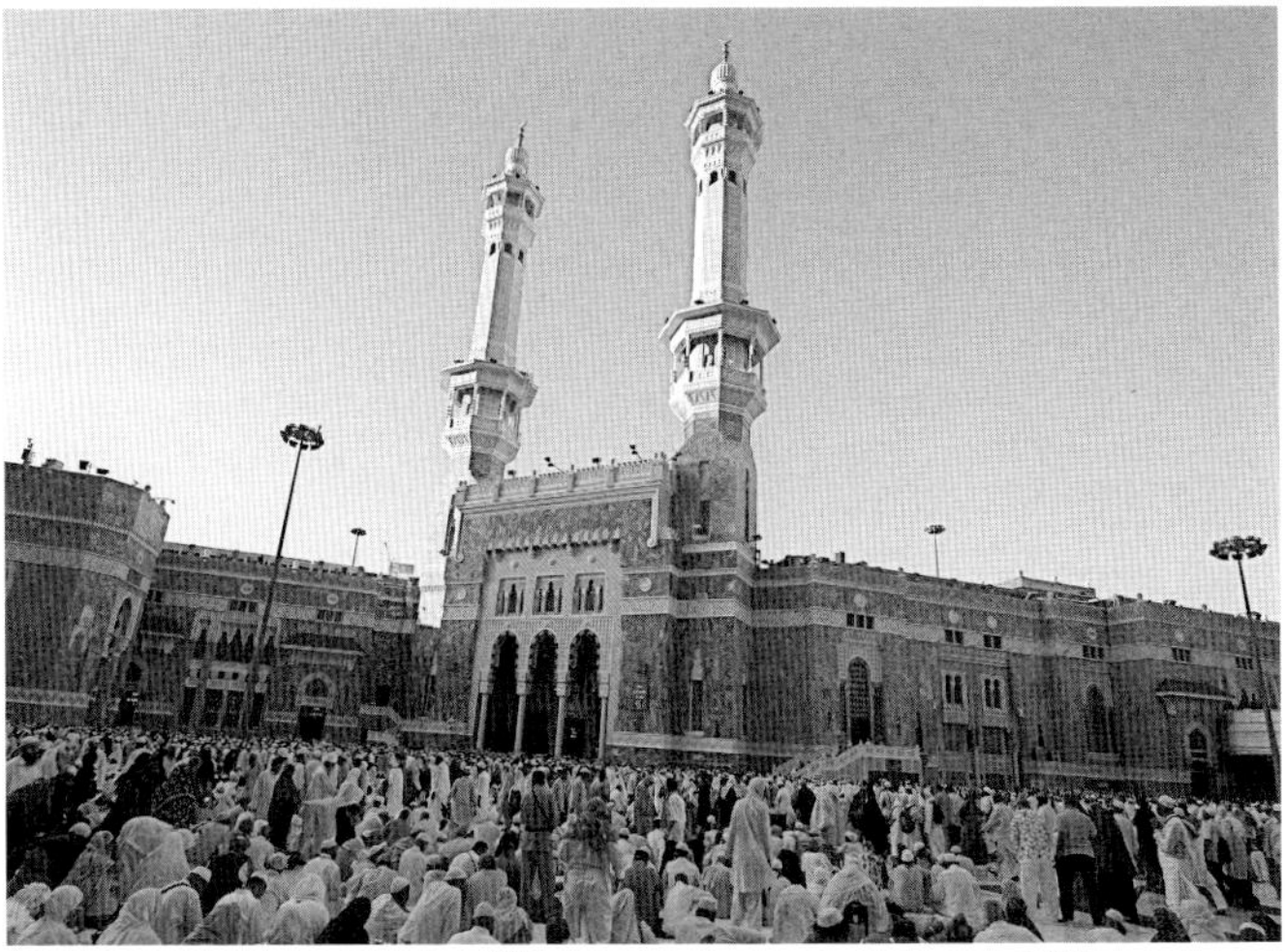

マッカの中心にそびえる聖《せい》モスク。このなかにカアバ神殿《しんでん》がある。

入ったのです。

ジェッダ空港からマッカまでは七〇キロ。マッカに近づくと、ゴツゴツとした岩山が目立つようになりました。

カアバ神殿《しんでん》をめぐる

下山さんが訪《おとず》れたとき、マッカは夏で、灼熱《しゃくねつ》の猛暑《もうしょ》でした。日中は五〇度近くまで気温が上がります。

日本の夏はジトッとして息苦しくなるような暑さですが、マッカの夏はカラッとして、雨が降《ふ》る気配がまったくありませんでした。炎天下《えんてんか》にいると脳天《のうてん》を打ちのめされ

マッカ巡礼《じゅんれい》のルート

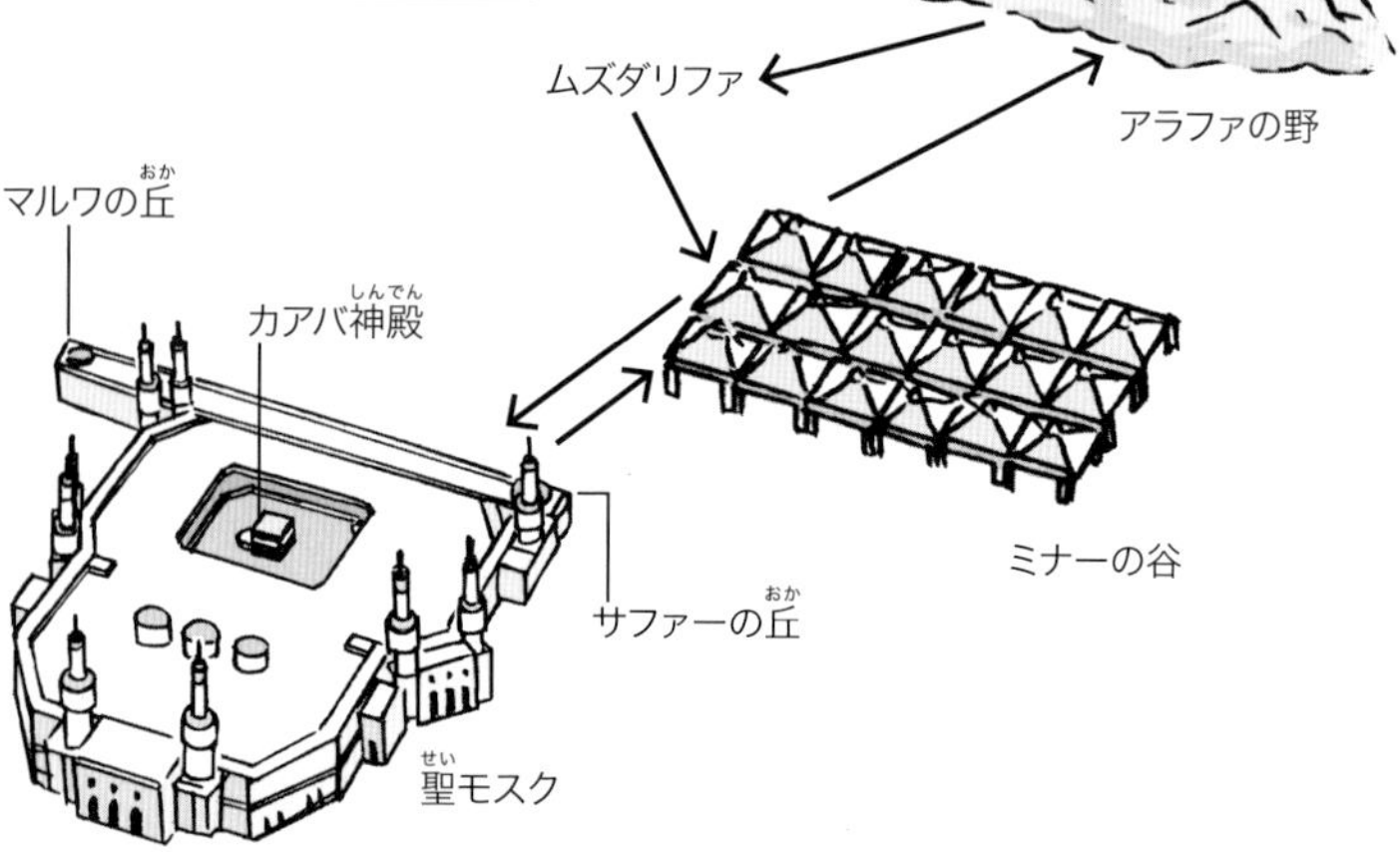

巡礼《じゅんれい》は、およそ 65km の道のりを、数日間かけてめぐる。

るような酷暑《こくしょ》ですが、日が沈《しず》むとヒンヤリとします。

　下山さんは、キング・アブドゥル・アズィーズ大学が発行してくれた身分証《みぶんしょう》を身につけました。そして、撮影《さつえい》チームの一員としてマイクロバスに乗って移動《いどう》し、巡礼《じゅんれい》の様子を撮影しました。日本人はもちろん、ただひとり。大学生たちと行動をともにし、食事もいっしょにとりました。

　巡礼の服装《ふくそう》はイフラームと言って、男《だん》性《せい》はサンダルをはき、縫《ぬ》い目《め》のない白い木綿《もめん》の布《ぬの》二枚《まい》を下半身と上半身に巻《ま》くだ

カアバ神殿《しんでん》。世界中のイスラーム教徒はこの方角に礼拝《れいはい》している。

けの格好《かっこう》になります。女性《じょせい》はくるぶしまである、ゆったりした服にヒジャーブ（スカーフ）をまといます。

下山さんも、全身を洗《あら》いきよめた後、イフラームに着がえて巡礼の儀式《ぎしき》に入りました。

巡礼は、カアバ神殿《しんでん》のまわりを七回めぐるタワーフから始まります。次いで、サファーとマルワの丘《おか》をやはり七回行き来するサアイをおこないます。サアイが終わると、ミナーの谷をへて、マッカから二〇キロ離《はな》れたアラファの野に移動。子どもの成長や病気の治癒《ちゆ》などのお願いをします。それから、ムズダリファの野で七つの小石を拾ってミナーの谷に行き、悪魔《あくま》の柱に石を投げます。そして、羊やラクダをアッラーにささげる犠牲祭《ぎせいさい》をとりおこない、巡礼《じゅんれい》を終えるのです。

聖《せい》モスクは世界有数の大きなモスクで、カアバ神殿《しんでん》はその中心部にあります。カアバは、アラビア語で立方体という意味です。カアバ神殿は縦《たて》一〇メートル、横一二メートル、高さ一五メートルの立方体の形をしています。建物の基礎《きそ》と屋根は大理《だいり》石《せき》で、外側は黒地に金色の装飾《そうしょく》がほどこされた布《ぬの》でおおわれています。

神殿のまわりは、口では表せないほどの大群衆《だいぐんしゅう》で埋《う》めつくされていました。巡礼者《じゅんれいしゃ》たちは祈《いの》りをささげ、また立ち上がって歩きました。

混雑《こんざつ》もものすごいですが、信仰《しんこう》の情熱《じょうねつ》からくる熱気も半端《はんぱ》ではありません。

「おびただしい群衆《ぐんしゅう》のひとりとして、皮膚《ひふ》の色、民族の違《ちが》いを超《こ》えて、みんなといっしょに神のもとで巡礼《じゅんれい》をしているという一体感に身も心もとらわれていました。ぶじに終わることをひたすら祈りながら、ぼくも歩き続けたのです」

アラファの野で祈《いの》りをささげた

カアバ神殿をめぐるタワーフとサアイが終わると、聖モスクからアラファの野まで約二〇キロの大移動《だいいどう》です。

下山さんは大学の撮影《さつえい》チームといっしょにマイクロバスで移動しましたが、多くの巡礼者たちは歩いていました。一団となって黙々《もくもく》と進むナイジェリアの女性《じょせい》たち。年老いた父親を背負《せお》っているパキスタンの男性《だんせい》。アラファの野にいたる道を巡礼者たちに教えるボランティアの若者《わかもの》たちの姿《すがた》もあります。

鍋《なべ》や皿、食糧《しょくりょう》と炊事用《すいじよう》コンロ、それに毛布《もうふ》のようなものまでかついでいる人もいて、まるで夜逃《よに》げのようです。途中《とちゅう》でコンロの火で煮炊《にた》きし、食事をとっている人たちもいます。

「アッラーの命じるままに何年も旅仕度《たびじたく》をし、ふるさとの村や町からの困難《こんなん》な旅を経《へ》て、巡礼のさなかにあるのです。ぼくたちはイスラームのことをどれほど知っているだろう」

巡礼者《じゅんれいしゃ》たちは酷暑《こくしょ》のなか、ひたすら歩きつづける。

下山さんは、ある種の感動を持って、巡《じゅん》礼者《れいしゃ》たちの行進を見つめました。

アラファの野は見わたす限《かぎ》り、白いテントで埋《う》めつくされていました。これらのテントはすべて、サウジアラビア政府《せいふ》が用意したものです。そのなかに身を横たえ、巡礼者たちはしばしの休息を取るのです。

アッラーがもっともよく願いを聞いてくれるというアラファの野での礼拝《れいはい》は、巡礼《じゅんれい》の大きな目的のひとつになっています。

人ごみを離《はな》れ、下山さんも祈《いの》りをささげました。

「どうかイスラームという世界宗教《しゅうきょう》が日本

アラファの野。巡礼者《じゅんれいしゃ》用の白いテントで埋《う》めつくされている。

でも理解《りかい》されますように、と祈りました。これが、イスラーム教徒になった、ぼくの使命なのです」

ムズダリファの野で石を拾い、もう一度、ミナーの谷にもどって、悪魔《あくま》の柱に向かってその石を投げるのですが、石を拾うころには疲《つか》れ果《は》ててヘトヘトでした。

周辺には、同じように疲れ切った巡礼者たちが、へたりこんでいます。横になって眠《ねむ》っている人もいます。巡礼の旅が終わりに近づき、達成感や安堵《あんど》感《かん》と疲労感《ひろうかん》が、ないまぜになったのでしょう。みんな「神に身をゆだねたような安らかな表情《ひょうじょう》だった」

と下山さんは言います。

そして、ミナーの谷で石を投げ、動物を犠牲《ぎせい》にささげて巡礼《じゅんれい》は終わります。

巡礼が終わると、イスラーム教徒たちは髪《かみ》の毛を切って、イフラームを脱《ぬ》ぎます。

一九八一年の初めての巡礼では、下山さんは髪を切りませんでした。しかし、二〇一一年の二回目の巡礼のときは、聖《せい》モスク近くの理髪店《りはってん》で髪を切り、坊主頭《ぼうずあたま》にしました。

三十年前とちがって、渋滞《じゅうたい》を解消《かいしょう》するための鉄道がアラファの野とミナーの谷の間に開通し、巡礼者《じゅんれいしゃ》の大移動《だいいどう》も大きく様変《さまが》わりしていました。

「マッカ巡礼に行くと、過去《かこ》の罪《つみ》が洗《あら》い流《なが》されるといわれます。ぼくも髪を切ったら、身も心も生まれ変わったような気持ちになりました」

帰国した後、イスラーム教徒の友人たちから「生まれ変わったみたいに見えるよ」と言われ、下山さんはウキウキした気分になったのでした。

フィリピン・ミンダナオ島に飛ぶ

人と車が入り混《ま》じってごった返す表通りから、せまく薄暗《うすぐら》い路地に入ると、荒《あ》れ地《ち》のような広場があります。そこに、いまにも朽《く》ち果《は》てそうなモスクがひっそりと建っていました。モスクのまわりでは、はだしの子どもたちが遊んでいます。

ここはフィリピンの首都マニラ、ダウンタウンの一角にあるイスラーム教徒たちの居住区《きょじゅうく》です。下山さんがモスクで礼拝《れいはい》し、イスラーム教徒で日本から来たことを告げると、みんな歓迎《かんげい》してくれました。

マッカ巡礼からさかのぼること五年。一九七六年の夏、下山さんは雑誌《ざっし》の特派員《とくはいん》として、フィリピンで活動していた武装組織《ぶそうそしき》・モロ民族解放戦線《かいほうせんせん》（MNLF《エムエヌエルエフ》）のゲリラ部隊に潜入《せんにゅう》取材を試みたことがありました。

ここで、下山さんは幸せな巡礼の現場《げんば》とは正反対の厳《きび》しい現実《げんじつ》を見ることになります。

とりあえずマニラに入ったものの、これといった当てもなく、時間が過《す》ぎていくばかりです。そこで、モスクの近くで知り合った若者《わかもの》に思いきって潜入の話を持ちかけたところ、その若者《わかもの》は「今夜、ホテルに連絡《れんらく》をする」と言ったのです。それで、泊《と》まっていたホテルで連絡を待つことにしました。

モロとは、一六世紀にフィリピンを植民地《しょくみんち》にしたスペイン人が、モロッコのイスラーム教徒のことをムーア人と呼《よ》んだのに由来する名前です。フィリピンでは人口の一割《わり》がイスラーム教徒で、独自《どくじ》の社会をつくっていました。MNLF《エムエヌエルエフ》は、イスラーム教徒の独《どく》立国《りっこく》をつくろうと結成された組織《そしき》です。ミンダナオ島出身のイスラーム教徒で、フィリピン大学教授《きょうじゅ》だったヌル・ミスワリがリーダーでした。

MNLFは、フィリピン政府軍《せいふぐん》とゲリラ戦を繰《く》り広《ひろ》げていました。政府軍に正面からぶつかったら、とてもかないません。だから、ふだんはジャングルにひそんでいて、不意を突《つ》いては攻撃《こうげき》するゲリラ戦法《せんぽう》を取っていたわけです。

下山さんがフィリピンに飛んだきっかけは、一九七五～七六年当時、新婚《しんこん》旅行に来た日本人の夫婦《ふうふ》が誘拐《ゆうかい》されたり、飛行機が乗っ取られたりする事件《じけん》が起きたからです。事件を起こしたのは、イスラーム教徒でした。なぜ、こうした事件が起きるか、潜入《せんにゅう》して

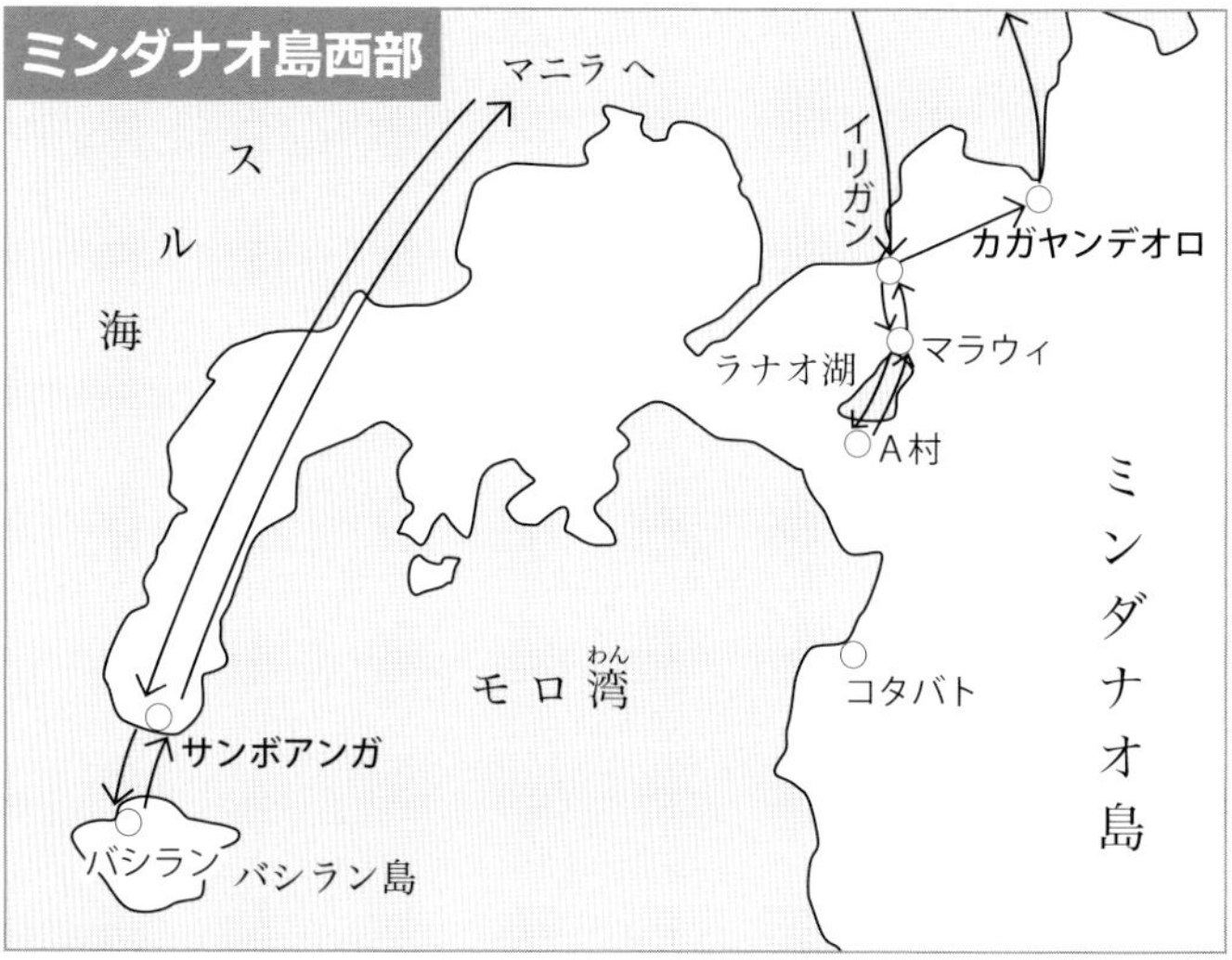

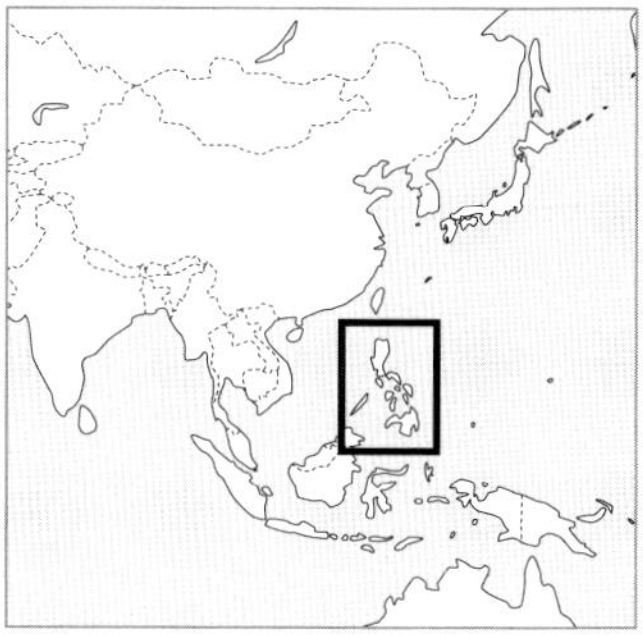

ゲリラを取材するために、下山さんがたどったルート（上）。ゲリラと政府軍《せいふぐん》の戦闘《せんとう》が続いている地域《ちいき》に、いのちがけで潜入《せんにゅう》した。

事実を知ろうと思い立ったのです。

当時のマニラは、マルコス大統領《だいとうりょう》の独裁政権下《どくさいせいけんか》で、戒厳令《かいげんれい》がしかれていました。夜間は外出禁止《きんし》で、政府軍《せいふぐん》の兵士や警察官《けいさつかん》が町中を警戒《けいかい》していたのです。若者《わかもの》からの連絡《れんらく》がないので、下山さんはとほうにくれていました。ところが、コーヒーショップの席を立ったとき、突然《とつぜん》、声をかけられました。その人が、マドリゲル・アロントでした。MNLF《エムエヌエルエフ》の副議長《ふくぎちょう》だったアブル・カイリ・アロントのおじさんで、その後、下山さんがゲリラの司令官《しれいかん》に会うための道案内をしてくれる人物です。

「アロントに会えたのは、奇跡《きせき》に近いことでした。ぼくはまだ二十七歳《さい》でしたけど、その場で『この人は信用《しんよう》できる』と直感したのです」

アロントの指示《しじ》にしたがい、ミンダナオ島の西端《せいたん》にあるサンボアンガ市に飛行機で飛びました。サンボアンガは、入域《にゅういき》禁止になっていなかったからです。そこから戦闘《せんとう》が続いているバシラン島へ船で潜入《せんにゅう》しましたが、バシラン島の港に降《お》りてすぐ、「ここは外国人の入域は禁止だ」と政府軍の兵士に退去《たいきょ》を命じられました。

それで、サンボアンガにもどり、どうしようかと思案していたとき、マグニチュード七・八のミンダナオ大地震《おおじしん》が起きたのです。海辺に水上家屋《すいじょうかおく》を作って住んでいた多くの人々が津波《つなみ》にさらわれ、死者と行方《ゆくえ》不明者あわせて八千人近い大惨事《だいさんじ》となりました。下山さんはいのちからがら、マニラに逃《に》げ帰《かえ》ったのでした。

下山さんはアロントと話し合い、ミンダナオ島のイリガン空港に飛んで、ラナオ湖のほとりにあるマラウィ市に潜入することを決断《けつだん》しました。

アロントの実家があるマラウィは当時の人口が八万人で、ほとんどがイスラーム教徒です。MNLFの拠点《きょてん》であったため、政府によって入域禁止になっていました。アロントが先に現地《げんち》入りして、下山さんを迎《むか》えてくれる段取《だんど》りです。

空港の検問所《けんもんじょ》をぶじに通過《つうか》しようとした瞬間《しゅんかん》、下山さんは自動小銃《しょうじゅう》を持った兵士に腕《うで》をとられてしまいました。

「おまえは、どこに何のために行くのか」と問いつめられました。まさに、絶体絶命《ぜったいぜつめい》のピンチです。またマニラに送り返されるかというとき、アロントがやってきて「私《わたし》の友

ゲリラたちの拠点《きょてん》の町に近づくと、金色に輝《かがや》くモスクが見えてきた。

人だ」と訴《うった》え、兵士たちを説得してくれました。

イリガン空港から車でおよそ一時間半。マラウィに近づくと、金色に輝《かがや》くモスクのドーム型《がた》屋根が、ヤシ林の間に見えてきました。

道路でのいくつもの検問《けんもん》を何とか切りぬけた下山さんは、マラウィの町はずれにあるアロントの実家にしばらくひそんで、ゲリラたちに会えるチャンスを待ちました。

バリバリバリッ。ダダッダダッ、ダダダダッ。

ある晩《ばん》、夜もふけたころ、突然《とつぜん》、銃声《じゅうせい》が

とどろきわたりました。政府軍《せいふぐん》の兵士が酒に酔《よ》ったのか、近くで自動小銃《しょうじゅう》を乱射《らんしゃ》しているのです。「理由もなく射殺《しゃさつ》される住民が後を絶《た》たない」とアロントが暗い顔で言いました。

「流《なが》れ弾《だま》が飛んでくるかもしれない」

下山さんは恐怖心《きょうふしん》で、その夜なかなか寝《ね》つけませんでした。

ゲリラがひそむ村へ

アロントの家にひそんで、数日後のことです。「ゲリラが山を下りて村にもどった」という連絡《れんらく》が入りました。

翌朝《よくあさ》、まだ夜が明ける前、マラウィにあるラナオ湖は霧《きり》に包まれていました。波ひとつなく、不気味なほど静まりかえっています。

下山さんはボートをチャーターしてラナオ湖をわたり、ゲリラたちがひそむ村に向かいました。アロントの弟とボートの持ち主、その息子で七歳《さい》のワキン（仮名《かめい》）が同行してくれました。

ボートが岸辺に近づくと、白い花を咲《さ》かせるウォーター・リリーという水草がエンジンにからまり、ボートが立《た》ち往生《おうじょう》してしまいました。すると、ワキンがすかさず湖に飛びこみ、ナイフで切って水草を取りのぞきます。

陸地に上がると、田んぼが広がっていました。一行は足を取られながらも畦道《あぜみち》を進み、ジャングルに入りました。ジャングルと言っても熱帯雨林の密林《みつりん》とは違《ちが》って、ヤシやバナナの木が群生《ぐんせい》している程度《ていど》の林です。

三時間ほど歩いたころ、激《はげ》しいスコールに見まわれました。バナナの木を切《き》り倒《たお》し、雨をしのぐための仮《かり》の小屋を作り、ふるえながら雨やどりをしました。ところが、この日に限《かぎ》って夜まで雨がやみません。

夜八時過《す》ぎになってようやく雨が上がり、一行は再《ふたた》び歩き始めました。月明かりがたよりです。しかし、めざすゲリラ部隊は「政府軍《せいふぐん》におされて後退《こうたい》している」という報告《ほうこく》が入りました。

「さあ、困《こま》った。このまま進むべきか、もどるべきか……」

アロントの弟は考えた末、撤退《てったい》を決めました。苦渋《くじゅう》の決断《けつだん》でした。そうと決まれば、逃《に》げるにしかず。下山さんは雨でぬかるんだジャングルで何度も転び、泥《どろ》だらけになりながら引き返したのです。

それから数日後のことでした。司令官《しれいかん》のピンダートンをはじめ、七十人のゲリラたちがA村に集結したという連絡《れんらく》が入りました。願ってもないチャンスです。下山さんたちはふたたび、ボートで湖をわたり、A村に向かいました。

岸辺から歩いて一時間。A村は山すそにうずくまるように、ひっそりとたたずんでいました。高床式《たかゆかしき》の木造《もくぞう》の家が並《なら》んでいます。

ゲリラたちは村のあちこちにひそんでいましたが、そのうち十人あまりが姿《すがた》をあらわしました。イスラーム帽《ぼう》をかぶっている者、頭に「アッラーフ・アクバル（神は偉大《いだい》なり）」と書かれたバンドを巻《ま》いている者もいました。礼拝《れいはい》する様子を見て、敬虔《けいけん》なイスラーム教徒であることがわかりました。

ゲリラ兵。自動小銃《しょうじゅう》を手に、あたりを警戒《けいかい》する。

ゲリラたちは、長いコートのような服で身を包んでいました。コートの下には、M《エム》16自動小銃《しょうじゅう》や拳銃《けんじゅう》、それに弾丸《だんがん》が隠《かく》してあったのです。

司令官《しれいかん》を待っている間、「おまえ、撃《う》ってみろ」と言われてズシリと重いM16を手わたされ、下山さんは試《ため》し撃《う》ちをしました。銃《じゅう》を撃つのは、生まれて初めてのことです。

森の木にねらいを定めて引き金を引くと、ダダダダッと弾丸が発射《はっしゃ》され、思いもよらない重い衝撃《しょうげき》がありました。踏《ふ》んばらないと、体が後ろに吹《ふ》っ飛《と》びそうです。「こ

ゲリラ兵の表情《ひょうじょう》には、けわしさと疲《つか》れがにじんでいた。

れはすさまじい武器《ぶき》だな」と下山さんは思いました。

ゲリラのなかには、明らかに少年と思われる兵士が何人も混《ま》じっていました。どの少年も、不気味なまでに無表情《むひょうじょう》です。

少年が兵士になるには、それだけの理由がありました。ひとつは、けた違《ちが》いの貧困《ひんこん》です。一日に一食のご飯を食べられるか否《いな》かという貧《まず》しい村では、自ら進んで兵士になる子どもが出てきます。兵士になれば、朝晩二回の食事が与《あた》えられ、ひもじい思いをしなくてすむからです。

もうひとつの理由は、教育です。アメリ

カの「ランボー」のような戦争映画《えいが》を見せられ、兵士になろうという気持ちが強まるのです。あとは銃《じゅう》の操作方法《そうさほうほう》を教えてもらうだけで、少年兵が誕生《たんじょう》します。

ミンダナオ島のイスラーム教徒たちは、なぜ政府《せいふ》と戦っているのでしょうか。

「ゲリラのほとんどは、米を作っている農民なのです。しいたげられた農民たちが、やむにやまれず立ち上がったという印象をぼくは受けました」(下山さん)

フィリピンはまずスペインの植民地《しょくみんち》になり、つづいてアメリカの植民地になりました。さらに、太平洋《たいへいよう》戦争では日本の占領下《せんりょうか》に置かれました。終戦後の一九四六年に独立《どくりつ》を果たしましたが、イスラーム教徒たちは、今度はフィリピン政府から厳《きび》しい弾圧《だんあつ》を受けたのです。自分たちの土地が奪《うば》われるようになり、ついに武器《ぶき》を取って戦う道を選んだのでした。

「ゲリラたちはイスラーム教徒だから戦っているのではなく、人間として弾圧され、迫《はく》害《がい》されたから戦っていました。だから、必死だったのです」

下山さんは、MNLF《エムエヌエルエフ》のピンダートン司令官《しれいかん》に会見を申《もう》し入《い》れていました。司令官は

ごく幼《おさな》い少年兵。下山さんは苛酷《かこく》な現実《げんじつ》を目《ま》のあたりにした。

下山さんの申し出を受け、インタビューに応《おう》じることになりました。

いのちがけのインタビュー

集落にある高床式《たかゆかしき》の家で会ったピンダートンはひげを生やし、精《せい》かんな顔つきをしていました。白いイスラーム帽《ぼう》をかぶり、イスラーム教徒であることがひと目でわかる格好《かっこう》です。

マラウィ市をふくむラナオ・デル・スール州のゲリラ部隊の司令官で、下山さんと同い年の二十七歳《さい》（当時）です。戦闘《せんとう》で、母親と妹を亡《な》くしていました。

下山さんは勇気を出して、インタビューをしていきました。

下山「兵士はどのくらいいるのですか」

司令官《しれいかん》「兵士と市民を区別するのは難《むずか》しいのです。兵士も村に帰れば、水田を耕《たがや》す農夫になるから。イスラームには、ジハードという教えがあります。奮闘《ふんとう》努力するという意味です。大きいジハードは、自分のなかの邪悪《じゃあく》なものと闘《たたか》うこと。小さいジハードは、外部の暴力《ぼうりょく》や侵略《しんりゃく》によって、自分たちの財産《ざいさん》や生命がそこなわれた場合には、立ち上がって戦えというものです。勇気のある者は銃《じゅう》を取り、財産のある者は資金《しきん》を出すのです」

下山「あなたたちが求めているのは自治ですか。それとも、フィリピンからの独立《どくりつ》をめざすのですか」

司令官「フィリピンの統治権《とうちけん》はスペインからアメリカに移《うつ》りましたが、われわれの支配《しはい》地域《ちいき》にはスペイン人もアメリカ人も足を踏《ふ》み入《い》れませんでした。自分たちの運命の糸をたぐるのは自分たちの手でしかありえません。バンサ・モロ（モロ国）をつくりたいと思っています」

下山「日本人を巻《ま》きこんだ誘拐事件《ゆうかいじけん》やハイジャック事件についてどう思いますか」

司令官「別の部隊がやったことなので、よくわかりませんが、彼《かれ》らの選んだ方法《ほうほう》が必ずしも正しいとは思っていません。ただ、われわれの主張《しゅちょう》や行動を世界に知ってもらうためには、やむを得なかったのではないでしょうか」

ピンダートン司令官《しれいかん》。27歳《さい》の若《わか》さでゲリラたちを率《ひき》いていた。

日本人の誘拐事件について、納得《なっとく》行く回答が得られたわけではありませんでしたが、司令官へのインタビューは終わりました。あとは、すみやかに引きあげるだけです。

森のなかを速足で移動《いどう》していると、近くで銃撃《じゅうげき》が始まりました。「よっぽど近くないと、弾《たま》はめったに当たらない」とゲリラからは言われていましたが、恐怖《きょうふ》で足がすくみます。とにかく逃《に》げるだけです。

いつしか、長い長い時間が過《す》ぎたように思われました。途中《とちゅう》でゲリラたちに別れを告げ、ひたすら山道を急ぎます。

そして、ボートを隠《かく》してあった岸辺に、何とかたどり着きました。ここでボートに乗りこんで湖をわたり、マラウィ市に引き返します。

湖上に出るとすぐ、ものすごいスコールが襲《おそ》ってきました。滝《たき》のようなザアザア降《ぶ》りです。みるみるうちに、ボートのなかに水がたまっていきます。ボートの持ち主とワキンが必死に水をかき出しています。下山さんも手伝いました。

スコールは、短時間でやみました。家々から夕飯を作る煙《けむり》が上がっている黄昏《たそがれ》どき、ボートはぶじにマラウィの船着き場に着いたのです。

別れぎわ、下山さんはワキンに「君のおかげでいのち拾いをした。ありがとう」と声をかけ、抱《だ》きしめました。

下山さんは手を振《ふ》り、別れのあいさつをしました。

「アッサラーム・アライクム」

帰路は、マラウィから陸路カガヤンデオロに出て、マニラへ。下山さんは、マニラの空港から飛行機で日本へと帰国しました。

ミンダナオ島で見たイスラーム教徒たちの厳《きび》しい現実《げんじつ》は脳裏《のうり》に焼きついて、消えることはありませんでした。下山さんは雑誌《ざっし》に記事を書いて、フィリピンで起きていることを世に問うたのでした。

第5章　偏見《へんけん》を乗りこえる

転機となった九・一一同時多発テロ

下山《しもやま》さんの人生の転機となったのが、二〇〇一年九月十一日にアメリカで起きた同時多発テロです。

テロリストたちに乗っ取られた四機の旅客機が、ニューヨークの世界貿易《ぼうえき》センタービルや、バージニア州アーリントンにあるアメリカ国防総省《こくぼうそうしょう》などに突《つ》っこんで爆発炎上《ばくはつえんじょう》。三千人近くが死亡《しぼう》しました。イスラーム過激派《かげきは》のテロ組織《そしき》アルカイダによる計画的なテロ攻撃《こうげき》でした。

9.11 同時多発テロで、廃墟《はいきょ》と化した世界貿易《ぼうえき》センタービル。

跡地《あとち》に立てられた記念碑《きねんひ》。犠牲者《ぎせいしゃ》ひとりひとりの名前が刻《きざ》まれた。

アメリカのジョージ・ブッシュ大統領《だいとうりょう》はテロリストとの戦争を宣言《せんげん》し、二〇〇一年にアフガン戦争、二〇〇三年にはイラク戦争を始めました。

それまで、下山さんはせいぜい金曜礼拝《れいはい》に訪《おとず》れるぐらいで、モスクからは足が遠のいていました。編集《へんしゅう》プロダクションで、学校や会社の案内などを作る仕事でいそがしくしていたからです。ところが、九・一一同時多発テロが起きて、気持ちが変わりました。

「これはイスラームにとっても、イスラーム世界にとっても大変なことになる」

そう思った下山さんは、ちょうど前年の二〇〇〇年に完成《かんせい》したばかりの東京ジャーミイに足しげく通い、日本のイスラーム教徒たちに「モスクへおいでよ！」と呼《よ》びかけました。そして、モスクに集まった信徒たちで、どうすればよいかを話しあったのです。

この活動を通して、下山さんは日本にいるイスラーム教徒のリーダー的な存在《そんざい》になっていきました。そして二〇一〇年、東京ジャーミイの広報担当《こうほうたんとう》スタッフになったのです。

自称《じしょう》「東京ジャーミイの案内人」です。

下山さんは「自分がスタッフになった後、事件《じけん》が起きそうだという予感みたいなもの

9.11 同時多発テロ以降《いこう》のおもなできごと

2001年　アメリカで同時多発テロ。アメリカの対テロ戦争スタート
アフガン戦争。アルカイダをかくまうアフガニスタンを空爆《くうばく》
2003年　イラク戦争。フセイン政権崩壊《せいけんほうかい》
2004年　日本政府《せいふ》、イラクに自衛隊《じえいたい》を派遣《はけん》
イラクでの日本人殺害《さつがい》あいつぐ。香田証生《こうだしょうせい》さんら３人が犠牲《ぎせい》に
このころから世界各地でアルカイダ系組織《けいそしき》の結成があいつぐ
2007年　アメリカ、イラクに２万人を増派《ぞうは》。内戦激化《げきか》
2010年　チュニジアで大規模《だいきぼ》デモ
2011年　中東の国々で民主化を求める運動が広がる（アラブの春）
　チュニジアのベン・アリ政権崩壊
　エジプトのムバラク政権崩壊
　シリアのアサド政権、反政府組織《はんせいふそしき》との内戦へ
　リビアのカダフィ政権崩壊。内戦へ
同時多発テロのビン・ラディン容疑者《ようぎしゃ》、パキスタンで殺害
アメリカ、イラクから米軍完全撤退《かんぜんてったい》
2012年　パキスタンでタリバーンがマララ・ユスフザイさんを銃撃《じゅうげき》
2013年　フランス、マリに軍事介入《ぐんじかいにゅう》
アルジェリアの天然《てんねん》ガス工場でテロ。日本人ら約40人が犠牲に
アメリカ、ボストンマラソンでテロ。３人が犠牲、200人以上が負傷《ふしょう》
マララさん、国連本部で演説《えんぜつ》。「すべての子どもにペンと本を」
2014年　ナイジェリアでボコ・ハラムが女子生徒240人を拉致《らち》
イラク・シリアで「イスラーム国（IS《アイエス》）」樹立宣言《じゅりつせんげん》
　アメリカなど、「IS」への空爆《くうばく》を開始
マララさん、史上最年少の17歳《さい》でノーベル平和賞受賞
パキスタンでタリバーンが子ども140人を殺害
2015年　フランス、パリで連続テロ。17人が犠牲に
「IS」、ジャーナリスト後藤健二《ごとうけんじ》さんら日本人２人を殺害
チュニジアの博物館でテロ。日本人をふくむ22人が犠牲に
クウェートのモスクでテロ。27人が犠牲、200人以上が負傷
シリア難民《なんみん》の３歳の男の子の遺体《いたい》がトルコの海岸に打ち上げられる
ヨーロッパの難民問題が浮上《ふじょう》
パリで同時多発テロ。130人が犠牲に
2017年　「IS」崩壊

があった」と言いますが、不幸にも予感は的中します。

二〇一一年には、中東諸国《しょこく》で「アラブの春」と呼《よ》ばれる民主化運動が広がり、チュニジアやエジプト、リビアで独裁体制《どくさいたいせい》が崩壊《ほうかい》。シリアでは泥沼《どろぬま》の内戦が始まりました。二〇一四年にはイラクとシリアにまたがる地域《ちいき》に、「イスラーム国（以下、IS《アイエス》）」の樹立《じゅりつ》が宣言《せんげん》されました。「IS」の指示《しじ》によって、世界各地でテロ事件《じけん》が発生しました。

事件が起こるたびに、たくさんの新聞や雑誌《ざっし》の記者が、イスラーム教徒のコメントを取りに東京ジャーミイに詰《つ》めかけました。テレビはレポーターとディレクター、カメラマンのクルーでやってきて、東京ジャーミイで信徒たちが礼拝《れいはい》する映像《えいぞう》を撮《と》り、参加者にインタビューをしました。

イスラームにからんだ事件が続発したため、下山さんはメディア対応《たいおう》に追われることになったのです。でも、それは悪いことばかりでもありませんでした。

「事件がニュースで報道《ほうどう》されると、イスラームに対する非難《ひなん》や批判《ひはん》が高まる一方で、イスラームに対する関心も高まってきました」（下山さん）

あるとき、スタッフと話していて、アイデアがひらめきました。イスラームについて知らない日本人に東京ジャーミイに来て、美しい礼拝堂《れいはいどう》を見てもらい、イスラーム教徒の話を聞いてもらおうというものです。誰《だれ》でも気安く参加できるように「東京ジャーミイ・ツアー」と名づけました。

時間は、約一時間です。それより短くては伝えられないし、長くては集中できなくなるからです。この本の一章で書いたように、いろいろな工夫をこらして東京ジャーミイの建築《けんちく》、アート、歴史などを説明することにしました。

「とにかく来てもらうことが大切。来てもらえれば、モスクの壮麗《そうれい》な美しさに、あっと驚《おどろ》いてくれるでしょう。そして、イスラーム教徒の真摯《しんし》な礼拝を見てもらって、イスラームはテロを起こすような変な宗教《しゅうきょう》ではないことを知ってもらいたい。ツアーのなかで、イスラームの教えをひとつでも、ふたつでも発見してもらうのがねらいです」

あるとき、地元の小学生五十人あまりが見学にやってきました。礼拝堂に入った瞬《しゅん》間《かん》、子どもたちから「わあっ」という歓声《かんせい》が上がり、ため息がもれました。言葉にならないほど、モスクのアートを美しく感じたのです。

「日本人は、イスラームのことを知らないだけなのです。知らないままだと誤解《ごかい》や偏見《へんけん》が生まれ、イスラーム教徒に対する差別になる。だから、避《さ》けなければなりません。知ることによって、誤解や偏見はなくなっていきます」（下山さん）

人質《ひとじち》事件《じけん》の記者会見

二〇一五年一月には、「ＩＳ《アイエス》」の人質《ひとじち》となった日本人ジャーナリストの後藤健二《ごとうけんじ》さんと、民間軍事会社の湯川遥菜《ゆかわはるな》さんが殺害《さつがい》される事件《じけん》が起きました。

この事件では、オレンジ色の囚人服《しゅうじんふく》を着せ、ひざまずかせた後藤さんたちを前に、黒服に黒覆面《くろふくめん》の男がナイフを手にかざしながら身代金《みのしろきん》を要求する映像《えいぞう》や、処刑《しょけい》する映像がインターネットで公開されたため、多くの人にショックを与《あた》えました。

東京ジャーミイには、またしても新聞・テレビの記者やカメラマンが押《お》しよせました。事件直後におこなわれた金曜日の集団礼拝《れいはい》が終わると、たくさんの新聞や雑誌《ざっし》の記者が信徒たちに話を聞いていました。

誤解や偏見に満ちたメディアへの不信感から、取材を受けることにはためらいがありました。でも、下山さんは「ピンチはチャンスでもあるから、どんな小さなメディアでも基本的《きほんてき》に全部、受け入れよう。絶好《ぜっこう》の機会だから、メディアを通して日本人へのメッセージを送ろう」と考えたのです。

そして、「イスラームは人を殺すことを認《みと》めていません。もちろん、テロも認めていません。クルアーンには『ひとりの人間を殺すことは、全人類を殺したのと同じである』と書かれています」とテレビカメラに向かって訴《うった》えたのです。

日本人のイスラーム教徒がいる、しかもモスクの広報担当《こうほうたんとう》をしているというので、多くの日本人が驚《おどろ》いたようです。下山さんは朝日《あさひ》新聞の「ひと」欄《らん》でも紹介《しょうかい》されました。

下山さんは、ひどくいそがしい日々を送るようになりました。そして、皮肉なことに、東京ジャーミイと下山さんは、この事件をきっかけに一気に有名になったのです。

この月、パリでは連続テロが起こり、十七人が死亡《しぼう》しました。

ひと

国内最大級モスク「東京ジャーミイ」の案内人

下山《しもやま》 茂《しげる》さん(66)

東京・代々木上原のイスラム教施設、東京ジャーミイで広報を担う。今年に入ってパリの新聞社襲撃、邦人人質事件と続き、マスコミが殺到した。2階の礼拝所は「記者会見場のよう」にカメラの放列が敷かれた。疲労とストレスで帯状疱疹《ほうしん》を患ったが、「イスラムを理解してもらう絶好の機会。メディアの向こうには何十万、何百万の人がいる」と奮闘した。

毎週末に誰でも参加できるモスクの見学ツアーを催し、イスラムの教えを平易に解説する。テロと宗教、イスラムと女性といったテーマも熱く語る。最近は、昨年の倍以上の100人ほどが毎回参加する。若者が増えてうれしい。

早稲田大学探検部でナイル川をゴムボートで下り、スーダン西部のイスラム教徒の村で2カ月暮らした。言葉が通じない旅人を親切にもてなすやさしさにうたれた。

27歳の時、イラク人留学生の勧めで入信した。出版社などに勤めるかたわら、フィリピン南部、タジキスタン、サウジアラビアなどのイスラム社会を訪ね歩いた。

酒も飲むゆるい信者だったが、2001年の米同時多発テロを機に敬虔《けいけん》さを増した。「テロの宗教でないとわかってほしい」と10年から今の仕事に携わる。「神の下の平等が原則のイスラムには、欧米がつくりだした国民国家とは違う世界がある。まずはモスクに足を運び、その美しさを知って欲しい」

文・写真　柴田直治

朝日新聞《あさひしんぶん》の「ひと」欄《らん》に取り上げられた下山さん（2015年4月17日朝刊《ちょうかん》）。「イスラームはテロの宗教《しゅうきょう》ではない」と報道《ほうどう》をとおして訴《うった》えた。

テレビでは、パリで人々が逃《に》げまどう姿《すがた》や、花束をささげ、涙《なみだ》を流しながら、亡《な》くなった人たちを追悼《ついとう》する様子が映《うつ》し出《だ》されました。平和に暮《く》らしている一般《いっぱん》の人たちに対して無差別に銃《じゅう》を撃《う》つことは、絶対《ぜったい》にあってはならないことです。

しかし、同じころ、地中海《ちちゅうかい》に展開《てんかい》したフランスの原子力空母から飛び立った艦載機《かんさいき》が、「IS《アイエス》」の占領地域《せんりょうちいき》に激《はげ》しい空爆《くうばく》を加えていました。その地域《ちいき》にも、平和に暮らしている一般人《いっぱんじん》がいて、子どもや女性《じょせい》やお年寄《としよ》りたちも無差別に、無残にも殺されていましたが、その映像《えいぞう》は少ししか放送されません。

新聞やテレビは連日、イスラームのニュースで大騒《おおさわ》ぎになりました。ターバンを巻《ま》き、ひげを生やしたイスラーム教徒のイメージ、武器《ぶき》を手にしている兵士のイメージが、日本人の脳裏《のうり》に焼きつけられていきました。

ショックを受けた日本人が、見学ツアーにやってきました。参加者は多いときには、それまでの五倍近い百人を超《こ》えました。

「イスラームはなぜ、あんなひどいことをするのか」「イスラームは恐《こわ》い」「イスラーム諸国《しょこく》はなぜ、あんなに戦争ばかりをしているのか」といった疑問《ぎもん》を抱《かか》えた日本人が、その答えを知りたくて見学ツアーに押《お》しよせたのです。

ツアーの参加者たちは、カメラで撮影《さつえい》したモスクの美しい映像《えいぞう》をインスタグラムやフェイスブックなどで発信していきました。それを見た人たちが、美しい礼拝堂《れいはいどう》を見てみたいと、北は北海道《ほっかいどう》から南は九州《きゅうしゅう》まで、全国から見物に来るようになりました。

テロの背景《はいけい》に何があるの？

イギリスの首都ロンドンでＩＲＡ《アイアールエー》（アイルランド共和軍）のテロが起きても、キリスト教徒のしわざと言われることはありません。チベットで中国の弾圧《だんあつ》に抗議《こうぎ》して僧侶《そうりょ》たちが焼身《しょうしん》自殺をしても、仏教《ぶっきょう》がおかしいと非難《ひなん》されることはありません。ところが、イスラームの場合だけ、テロと宗教《しゅうきょう》が結びつけられています。「イスラームだからテロをしているのではない」と、下山さんは訴《うった》えます。

「日本人はイスラームをテロと結びつけがちですが、それはテレビやメディアの影響《えいきょう》を強く受け、偏見《へんけん》を持っているからです。イスラーム教徒が起こした事件《じけん》として報道《ほうどう》されるのはしかたがないとしても、なぜテロが起きるのか、なぜ過激《かげき》な行動に出ているのか、その背景を知りたいのに、そこがきちんと報道されていません」

下山さんはベトナム戦争が続いていた一九七〇年前後に、大学生活を送りました。そのころに見た一枚《まい》の写真が忘《わす》れられません。泥流《でいりゅう》のなかを母子が泳いで逃《に》げるところをとらえた「安全への逃避《とうひ》」という写真です。撮影したカメラマンの沢田教一《さわだきょういち》は、ピューリッツァー賞を受賞しています。

アメリカは「正義《せいぎ》の戦争だ」としてベトナムに空爆《くうばく》を続けましたが、現場《げんば》の写真や映像がメディアで流されることによって、アメリカ国内でも反戦運動が起きました。

戦争というのは、要するに人殺しです。現場でどんな悲惨《ひさん》なことが起きていて、人々がどんなにひどい死に方をしているかを知って、戦争反対の世論《よろん》が一気にもり上がったのです。

アメリカのフォーク歌手で、二〇一六年にノーベル文学賞を受賞したボブ・ディランたちは反戦の歌を歌いました。世界中で、反戦と反米の運動がわき起こったのです。

結局、アメリカは戦争に敗北して、ベトナムから撤退《てったい》しました。

「アメリカは世論《よろん》に負けたのです。メディアによって戦争の現場《げんば》で何がおこなわれているかが報道《ほうどう》され、人々がその現実《げんじつ》を知ったことが大きかった」(下山さん)

ところが、イラク戦争やアフガン戦争では、アメリカが空爆《くうばく》した現場の写真や映像《えいぞう》はあまり出てきませんでした。イラク戦争のとき、アメリカ軍の報道官《ほうどうかん》は「ピンポイントで爆弾《ばくだん》を落とした」と発表しましたが、実際《じっさい》に爆弾が落ちた場所では、平和に暮《く》らしている一般《いっぱん》の人たちが死んだり負傷《ふしょう》したりしていました。しかし、そのむごい様子は、あまり報道されませんでした。

「戦争の最大の犠牲者《ぎせいしゃ》は真実である、という名言があります。真実が報道されることは、当事者にとってつごうが悪いことなのです。ベトナム戦争のときのようにメディアががんばらないと、戦争は止められないでしょう」

下山さんはそう言うと、唇《くちびる》をかみしめて遠くを見つめました。

「安全への逃避《とうひ》」 ベトナム戦争が激《はげ》しさをましていた1965年に撮影《さつえい》された写真。爆撃《ばくげき》をのがれ、泥流《でいりゅう》を必死に泳ぎわたる親子の姿《すがた》をとらえた。カメラマンの沢田教一《さわだきょういち》は、米国ですぐれた報道《ほうどう》に与《あた》えられるピューリッツァー賞を受賞した。（写真提供：UPI＝共同）

なぜ豚肉《ぶたにく》を食べないの？

下山さんは、マスコミだけでなくツアーの参加者からも、よく質問攻《しつもんぜ》めにあいます。日本人の質問で多いのは「イスラームはテロを起こす宗教《しゅうきょう》なのか」のほかに、「なぜ豚肉を食べてはいけないのか」「なぜ断食《だんじき》をするのか」「なぜ一夫多妻《いっぷたさい》なのか」「なぜイスラーム教徒の女性《じょせい》はヒジャーブをつけないといけないのか」などです。

これらの疑問《ぎもん》について、あらためて下山さんに答えてもらいましょう。

まずは「安くてビタミンが豊富《ほうふ》なのに、どうして豚肉を食べないのですか」という質問です。

預言者《よげんしゃ》ムハンマドの時代に豚肉を食べることが禁止《きんし》された背景《はいけい》には、豚の病気がはやり、食べると感染症《かんせんしょう》などにかかるおそれがあったという事情《じじょう》がありました。日本でも江《え》戸《ど》時代までは、獣《けもの》の肉を食べない習慣《しゅうかん》がありました。明治《めいじ》以後、解禁《かいきん》になった理由のひとつは、衛生的《えいせいてき》に処理《しょり》できるようになったからです。

では、衛生的に処理できるようになったのに、なぜイスラーム教徒はいまだに豚肉を食べないのでしょうか。

「それは、クルアーンに書いてあるからです。クルアーンは神の言葉を集めた聖典《せいてん》です。だから、そこに書かれていることを破《やぶ》るわけにはいかないのです。豚肉を食べなくても、何も困《こま》りません。栄養不足にもならないし、食生活が貧《まず》しくなったとも思えません」（下山さん）

下山さん自身は以前はカツ丼《どん》が大好きで、イスラーム教徒になった当初、すぐにはカツを食べることをやめられませんでした。

でも、信仰心《しんこうしん》が少しずつ深まっていくにつれて、心のなかでもうひとりの自分が「おまえはイスラーム教徒だろう。豚肉を食べていいのか？　ダメじゃないか」とささやき始めました。イスラーム教徒として守るべき戒律《かいりつ》との葛藤《かっとう》が起きたのです。

その葛藤はしだいに大きくなり、あれほど好きだったカツを食べる気にならなくなったといいます。

「アッラーの教えを守っていると、大きな達成感を味わうことができます。それが信仰心を深めていくことにつながるのです」

イスラームの教えにハラール（許可《きょか》）と、ハラーム（禁止《きんし》）というルールがあります。「豚肉《ぶたにく》を食べてはいけない」というルールをはじめ、クルアーンには、数多くのハラームがあります。

最大のハラームは「唯一《ゆいいつ》の神アッラーは、他のどんなものとも同列に置いてはいけない」ことです。「人を殺してはいけない」「うそをついてはいけない」「酒を飲んではいけない」などもハラームです。

「クルアーンは、人生という長い旅のガイドブックです。人は長い人生を生きていくなかで道に迷《まよ》ったり、困難《こんなん》に直面したりします。そのとき、イスラーム教徒はクルアーンを読むのです」（下山さん）

ラマダーンって何？

次に、「なぜ断食《だんじき》をするのか」です。

ハラーム（禁止《きんし》）の食べ物

豚《ぶた》

豚の肉や皮は口にできない。豚の脂《あぶら》やエキスなど、豚に由来する成分の入った食品もさけなければならない。

酒・アルコール

ビールやワインなど、酒は禁止されている。みりんなど、アルコールがふくまれる調味料もさけなければならない。

豚《ぶた》以外の動物の肉など

イスラームのきまりにのっとって屠畜《とちく》された動物の肉以外は食べてはならない。また、屠畜されたときに流れ出した血液も口にしてはならない。

ハラールマーク

イスラームのきまりを守って製造《せいぞう》したり、料理したりしていると認《みと》められた食品やレストランに表示《ひょうじ》されるマーク。日本を訪《おとず》れるイスラーム教徒がふえるにつれ、イスラーム教徒が口にできる食材や調理法でつくった菓子《かし》やラーメンなどを開発し、ハラールマークをつける動きも広がっている。

ハラールマークの例（日本ハラール協会）

イスラーム教徒の五つの義務《ぎむ》のひとつに、一年に一回のサウム（断食《だんじき》）があります。ラマダーンはイスラーム暦《れき》の九月で、この月の約一か月間にわたって、毎日夜明け前から日没《にちぼつ》までいっさいの食事や水、それに欲望《よくぼう》を断《た》つのです。

アッラーの教えにしたがって忍耐《にんたい》し、アッラーのめぐみに感謝《かんしゃ》し、貧《まず》しい人々に施《ほどこ》しをするのが断食です。断食の間、イスラーム教徒は悪事を遠ざけ、善行《ぜんこう》につとめます。日没と同時にその日の断食は終わり、イフタールと呼《よ》ばれる断食明けの食事を分かちあって食べます。

下山さんは、このようにも言いました。

「断食は、心と体をリセットすることなのです。一か月間、日中に飲食をしないことで、ふだん休みなく働いている胃腸《いちょう》を休ませることができます。また、欲望《よくぼう》をセーブすることで、心や体がクリーンになるのです」

子どもの場合、早い子では小学生になるころから断食を始めます。最初は半日～一日からはじめ、だんだん日数を増《ふ》やしていくことが多いようです。

東京ジャーミイでは、ラマダーンの期間中は毎日、礼拝《れいはい》に来たイスラーム教徒たちに三百人分の食事がふるまわれます。費用《ひよう》はすべて、寄付《きふ》でまかなわれています。余裕《よゆう》のある人が寄付し、みんなで分かちあうのです。

信徒たちは日没の礼拝を告げるアザーンが流れると、まず水を飲み、山盛《やまも》りになっているデーツを口に入れます。デーツは、ナツメヤシの実を乾燥《かんそう》させたドライフルーツです。日の出前からずっと食事も水も断ち、カラカラに乾《かわ》き切《き》った体にしみわたるような感じがします。

そして、順番に並《なら》んで用意された食事を受け取ります。このときは女性《じょせい》や子どもが優先《ゆうせん》で、男性《だんせい》はそのあとに列を作って順番を待ちます。

この夜のメニューは、牛肉のシチューをはじめ、ピラフ、レンズ豆のスープ、トウモロコシの粉と小麦粉、牛乳《ぎゅうにゅう》を使ったパイ。トルコから来日したふたりのシェフが昼前から、かかりっきりで作ったものです。

一階の多目的ホールにある二十ほどのテーブルは、日没後になると食事をするイスラーム教徒たちでいっぱいになりました。

二〇一七年七月、ラマダーン明けのイード・アル＝フィトル（断食明《だんじき》けの祭り）の礼《れい》拝《はい》には、東京ジャーミイに千五百人ものイスラーム教徒たちが詰《つ》めかけました。礼拝堂《れいはいどう》に入りきれない人たちはバルコニーで礼拝をしましたが、それでも入れない人たちが歩道にあふれました。

「ラマダーンを終えた後には、大きな達成感が訪《おとず》れるのです」と下山さんは笑顔で話してくれました。

なぜヒジャーブをつけているの？

一夫多妻《いっぷたさい》、つまり一人の男性《だんせい》が何人かの女性《じょせい》と結婚《けっこん》できるというイスラームのルールについても、多くの日本人が疑問《ぎもん》を持っています。

クルアーンには、イスラーム教徒の男性は四人までの女性と結婚できると書かれています。

ラマダーンの期間中、東京ジャーミイでは断食《だんじき》が明けた日没後に食事がふるまわれる。たくさんのイスラーム教徒が訪《おとず》れる。

メニューはシチューやピラフ、スープなどの本格的《ほんかくてき》なトルコ料理だ。

断食《だんじき》明けにまず口にするデーツ。ナツメヤシの実を乾燥《かんそう》させたドライフルーツで、甘《あま》くて栄養《えいよう》も豊富《ほうふ》。

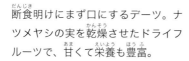

これは、当時の習慣《しゅうかん》を変えるルールでした。イスラームが成立する前のアラビア半島では、権力《けんりょく》や財力《ざいりょく》を持つ男性《だんせい》は、何人でも妻《つま》を持つことができたからです。クルアーンでは、無制限《むせいげん》に妻を持つ風潮《ふうちょう》をいましめ、一人の女性《じょせい》との結婚《けっこん》を奨励《しょうれい》し、多くとも四人までとしたのです。

その背景《はいけい》には、イスラームが生まれた当時、いくつかの戦争があり、戦争のたびに男たちがいのちを失い、多くの未亡人《みぼうじん》が生まれたという事情《じじょう》もありました。妻を四人まで持つことを認《みと》めたのは、未亡人の救済《きゅうさい》という社会福祉的《ふくしてき》な意味が強かったのです。

クルアーンには、妻たちを平等に愛さなければならないとありますが、それは現実《げんじつ》には不可能《ふかのう》に近いことです。だから、実際《じっさい》にはほとんどのイスラーム教徒が一夫一婦《いっぷいっぷ》で、二人以上の妻を持っている人はめったにいません。

最後の質問《しつもん》は、「なぜイスラーム教徒の女性はヒジャーブをつけているのか」です。ヒジャーブとは、髪《かみ》をおおうスカーフのことです。

下山さんの答えは「クルアーンに、体の美しい部分は家族以外の男性に見せてはならないと定められているから」でした。

最近では、いろいろな色やデザインのヒジャーブをたくさん持って使い分け、オシャレを楽しんでいる女性が増《ふ》えています。

東京ジャーミイで、ヒジャーブを理解《りかい》してもらうためのイベントを主催《しゅさい》したり、子どもの教室でアラビア語やイスラームのことを教えているアタライ由希《ゆうき》さんは、淡《あわ》いピンクのすてきなヒジャーブで取材に応《おう》じてくれました。

アタライ由希《ゆうき》さん

福岡《ふくおか》県出身で、シリアに留学《りゅうがく》。アラビア語やイスラームを学んでいるときに、イスラーム教徒になりました。タタール系《けい》トルコ人の夫と結婚し、いまは二歳《さい》の娘《むすめ》の母です。

アタライさんは一番多いときで五〇枚《まい》以上のヒジャーブを持っていましたが、いつも使うのは、だいたい一〇枚程度《ていど》ということです。

よくヒジャーブは女性《じょせい》の自由をしばるものだと言われますが、アタライさんは「まったくの誤解《ごかい》」と言います。
「ヒジャーブは、つつしみの表現《ひょうげん》です。顔と手をのぞく女性の美しい部分を見せびらかさないという宗教的《しゅうきょうてき》な意味があります。でも、女性ですから、洋服に合わせてヒジャーブを選んだり、場所や目的に合わせて使い分けることもあります。国によって、好まれる素材《そざい》やデザインもさまざまです」（アタライさん）
イスラーム諸国《しょこく》のなかには、女性が目の部分だけ出した黒い服を身につけているところもあります。この姿《すがた》も、女性の自由を奪《うば》っているとして問題にされることがありますが、下山さんは「そんなふうにしなさいとクルアーンには書いてありません。あれは、日射《ひざ》しの強い地域《ちいき》ならではの工夫ではないでしょうか」と言います。
アラビア半島では日射しが強く、肌《はだ》を露出《ろしゅつ》したままヒツジやヤギの世話をしたら、肌が焼けて真っ赤になってしまいます。下山さんは山形《やまがた》県酒田《さかた》市に行ったとき、農家の女性が、目だけを残して顔や首をおおう服装《ふくそう》で農作業をしているのを、見かけたことがあ

イスラーム教徒の服装《ふくそう》のきまり

女性《じょせい》

「美しい部分はおおいなさい」というクルアーンのきまりにしたがってヒジャーブを身につけ、体の線が出ない、ゆったりした服を着る。

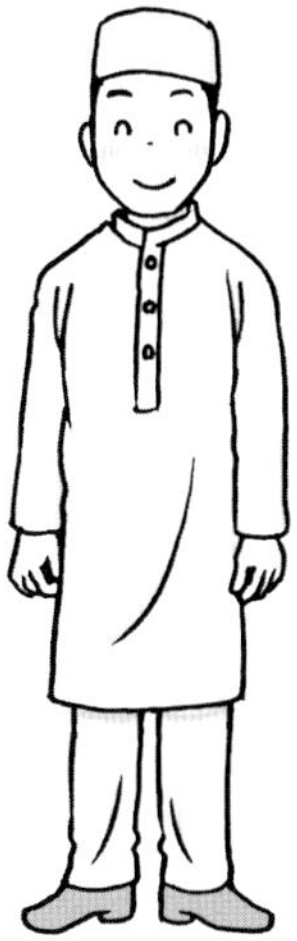

男性《だんせい》

へそからひざまでを隠《かく》さなければならないというきまりがある。このため、短パンなどを身につけることはない。

ります。この女性も日焼けを防《ふせ》ぐために、そういう服装を工夫していたのでしょう。

断食《だんじき》や服装の規定《きてい》から、イスラーム教徒は戒律《かいりつ》でがんじがらめにされて自由を奪われているという悪いイメージがありますが、これについて下山さんはこう述《の》べました。

「戒律は人を縛《しば》るためにあるのではなく、人を救いに導《みちび》くためのものです。シャリーア（イスラーム法）というアラビア語の本来の意味は『水場への道』です。砂漠《さばく》のなかで水場へ導いて渇《かわ》きをいやす、つまり救いへの道なのです」

終章 ともに生きる世界をつくる

下山《しもやま》さんには、日本の子どもたちにどうしても伝えたいことがあります。この本の最後に、そのメッセージを下山さん自身に語ってもらうことにします。

君はひとりじゃない

たくさんの日本人がひとりで暮《く》らし、孤独《こどく》のなかで生きています。突《つ》きつめてみれば、人間は本来、ひとりなのです。死ぬときは、ひとりで死んでいくのですから。

でも、その一方で、人間はひとりでは生きていけないものです。人とのつながりや絆《きずな》を求めるのも人間です。

まず言いたいのは、君はひとりじゃないということです。

ぼくは大学に入るため、岡山《おかやま》県の中国《ちゅうごく》山地に近い里山の町から上京しました。田舎《いなか》の小さな町で、いいところもあるのですが、呼《よ》んでもいない近所のおじさんがお茶を飲みにくるような、ベタベタした人間関係がイヤでした。東京に出て、もっと自由になりたい。その当時、はやっていたアメリカ流の個人主義《こじんしゅぎ》にあこがれて上京したのです。

ところが、東京に出てくると、待っていたのは底なしの孤独でした。街を歩くとぶつかるほど大勢《おおぜい》の人間がうごめいているのに、つながりがなくバラバラです。「自分はひとりぼっちだ」という孤独感がぬぐえませんでした。

その感覚が変わったのは、イスラーム教徒になってからです。日本に留学《りゅうがく》していたスーダン人のムサさんや、イラク人のサマライさんと兄弟のようにつきあうようになり、「ひとりじゃない」という思いを強くしました。

孤独感について、東京ジャーミイに礼拝《れいはい》に来るマレーシア人の女性《じょせい》と話したことがあります。

「日本人はいい人たちだけど、英語が得意じゃないから、私《わたし》に話しかけてくれません」

彼女《かのじょ》は日本の企業《きぎょう》で働いていて、孤立感《こりつかん》にさいなまれ、上司《じょうし》や同僚《どうりょう》とのぎくしゃくした人間関係に悩《なや》んでいました。それで、ぼくが「日本語は母国語でないし、文化も違《ちが》うから大変だね」と言ってなぐさめたら、彼女は「アイム・ノット・アローン（私はひとりじゃない）」と言ったのです。

「『つらいことがあってもくじけてはいけない。耐《た》えなさい』。クルアーンはそう教えてくれています。アッラーがいつもいっしょにいてくれる。だから、私はひとりじゃないのです」

その言葉を聞いて、「そうか。信仰《しんこう》というのは、こういうことなのだ」と思いました。

イスラームでは、自殺は大きな罪《つみ》です。なぜなら、人間は創造主《そうぞうしゅ》であるアッラーが造《つく》りたもうた被造物《ひぞうぶつ》だからです。自らいのちを奪《うば》うことは大きな罪であり、「絶望《ぜつぼう》する前にアッラーにすがりなさい」と教えています。だから、イスラーム教徒には自殺者が非《ひ》常《じょう》に少ない。

ぼくもイスラーム教徒としての信仰心が深まるにつれて、つらかったり苦しかったりしたときには「アッラーがいつもいっしょにいてくれる。自分はひとりではない」という感覚を持てるようになりました。だから、決してくじけないし、絶望しません。どんなつらい状況《じょうきょう》に追いこまれても、立ち上がっていけると思います。

いまはもう孤独《こどく》ではないし、死ぬこともまったく恐《こわ》くありません。もちろん、人間はひとりで生き、ひとりで死ぬのですが、でも「アイム・ノット・アローン」なのです。

世界中の人たちとつながろう

二〇二〇年の東京オリンピックに向けて、日本にやってくる外国人旅行客が増《ふ》えています。それにともない、大勢《おおぜい》のイスラーム教徒が来日《らいにち》しています。

でも、イスラーム教徒がヒジャーブをつけていたり、豚肉《ぶたにく》を食べなかったりするのを見て、偏見《へんけん》を持たないでもらいたいのです。このチャンスに、日本人がイスラームという世界宗教《しゅうきょう》やイスラーム文明を身近な存在《そんざい》として理解《りかい》するようになることがぼくの願いです。

イスラーム＝テロ、あるいはイスラーム教徒は恐《こわ》いという誤《あやま》ったイメージを放っておくと差別になります。そうではなくて、イスラーム教徒と友だちになり、イスラーム文明を知ることで、きっと偏見《へんけん》はなくなっていきます。

最近では、シリアの内戦が原因《げんいん》で大量の難民《なんみん》が国外に逃《のが》れ、ヨーロッパでも難民の受け入れをめぐって大騒《おおさわ》ぎになっています。これまでにも、アフガニスタンやイラクからの難民が国際問題《こくさい》になってきました。

アフガニスタン難民の多くはパキスタンのペシャワールに逃れましたが、これはアメリカが九・一一同時多発テロの報復《ほうふく》として始めたアフガン戦争によるものです。シリアをめぐっても、ロシアが政権《せいけん》側につき、アメリカが民主化を進める反政権《はんせいけん》側について、大国の代理戦争のような形になってしまいました。結局、アメリカやロシアは自分の国の利益《りえき》を優先《ゆうせん》するので、争いは長期化し、結果的に難民を増《ふ》やしています。

日本を訪《おとず》れるイスラーム教徒の観光客が増《ふ》えている。

いまの世界は、国民国家を基礎《きそ》に成り立っています。これは、二十世紀以後という比較的《ひかくてき》新しい時代の枠組《わくぐ》みなのです。ふたつの世界大戦を経《へ》て、多くの国民国家が独《どく》立《りつ》しましたが、国境《こっきょう》と民族の住んでいる地《ち》域《いき》が一致《いっち》しない、おかしな例もたくさん生まれました。

たとえば、アフガニスタン人の多くはパシュトゥーン族で、もともとアフガニスタンとパキスタンにまたがって暮《く》らしていました。それが、新しく国境線が引かれたことで分断《ぶんだん》されてしまいました。

そういう例を見ると、「国境って何だろ

う」「国民国家はほんとうに人間を幸せにしているのだろうか」と疑問《ぎもん》に思わざるをえません。

地球温暖化《おんだんか》から難民《なんみん》問題まで、いまや人間や社会は国境《こっきょう》を越《こ》えてつながる時代です。地球上に住むものは、みんな運命をともにしているのです。そういう時代にあって、イスラーム教徒であるというアイデンティティ（同一意識《いしき》）は、国境を越えておたがいをつないでいます。

ぼくは日本人ですが、イスラーム教徒であることで、アジアのインドネシアやパキスタンやトルコ、アフリカのスーダンやギニア、ナイジェリア、そしてアメリカ、イギリス、フランスの人たちとも兄弟のようにつきあっていくことができます。

いまは、ユニバーサルの時代なのです。ボーダーレスの（国境のない）時代と言ってもいい。

東京ジャーミイに来てみれば、よくわかります。日本だけで物事を考えていてはダメです。英語とIT《アイティー》（情報技術《じょうほうぎじゅつ》）を習得すれば、世界中の人たちと簡単《かんたん》につながっていけ

「モスクは人間交差点」と下山さんは言う。

る。そういう時代なのです。

人間同士は兄弟である。国家や民族、人種や皮膚《ひふ》の色をこえて、人間はアッラーのもとで平等である。そして、人間はひとりでは生きていけないのだから、おたがいに助けあって生きていきなさいとイスラームは教えています。

ヨーロッパが自由・平等・博愛《はくあい》を理想にかかげたのは一八世紀でしたが、イスラームはすでに七世紀に人間の平等を主張《しゅちょう》していたのです。

人間はみな兄弟であるという教えは、ぼくらが生きていくうえで原点とすべきことではないでしょうか。

モスクへおいでよ！

イスラーム教徒と仲良くするためには、どうすればいいかって？　イスラームを知るために、本を読んだり写真を見たりするのもいいですが、やはり人間に触《ふ》れるのが一番です。電話やメールではなく、フェイス・トゥ・フェイスで、顔と顔を突《つ》きあわせて会うことをおすすめします。

イスラーム教徒と会ったら、「アッサラーム・アライクム（あなたのうえに平安が訪《おとず》れますように）」と言って握手《あくしゅ》を求めてください。「イスラーム教徒でないのに、あいさつしていいのかな？」と思う人もいるかもしれません。でも、イスラーム教徒でなくても、あなたの気持ちが伝わり、相手は必ず「ワ・アライクム・サラーム（あなたにも平安が訪れますように）」と言って笑顔《えがお》でこたえてくれます。それだけで、うんと仲良くなれるでしょう。

だから、ぜひ一度、モスクへおいでよ！　東京ジャーミイに遊びに来てください。週末には紅茶《こうちゃ》がふるまわれ、クルアーンを勉強するために子どもたちも集まってきています。美しいステンドグラスや装飾《そうしょく》タイル、幾何学紋様《きかがくもんよう》やアラビア文字の装飾を見て、イスラームの文化を味わってください。

ラマダーン月には毎日、日没《にちぼつ》と同時にイフタールという断食《だんじき》明けの食事会が開かれますが、みなさんもこの会に参加することができます。キッチンから流れてくるトルコ料理の香《かお》りをかぎ、仲良くなったイスラーム教徒たちといっしょに食べてみてほしい。きっと新しい世界が開かれ、ワクワクした気分になると思いますよ。

一期一会《いちごいちえ》という茶道《さどう》の言葉があります。一生に一回の出会いであっても、ご縁《えん》があってのことなので大切にしようという意味です。

不思議《ふしぎ》なもので、人と人との出会いは偶然《ぐうぜん》のように見えても、じつは全部つながっているのです。だから、そのことを忘《わす》れないでもらいたいというのが、ぼくの一番言いたいことです。

ぼくの場合も、二十歳《はたち》のころにアフリカのスーダンに冒険《ぼうけん》旅行に出かけ、そこで体験したことが、その後の人生につながりました。スーダンから日本にやってきた留学生《りゅうがくせい》と出会い、そのネットワークでたくさんのイスラーム教徒と出会い、自分もイスラーム教徒になりました。

また、未知の世界の扉《とびら》を開いてみたいという子どものころからの思いがつのって、雑《ざっ》誌《し》にのせる記事を書いたり、写真を撮《と》ったり、本を編集《へんしゅう》したりする仕事にたずさわりました。それがまわりまわって、広報担当《こうほうたんとう》といういまの仕事につながっています。

若《わか》いころの冒険《ぼうけん》が大勢《おおぜい》の人たちとの出会いにつながり、ぼくの人生をかたちづくってきたのです。

みなさんもぜひ好奇心《こうきしん》をもって、いろいろなことに挑戦《ちょうせん》してもらいたい。若くて元気なころに体験したことは、きっと一生の宝《たから》になるでしょう。

一、本書では、以下の言葉について、新聞や教科書などに、二〇一八年時点でおもに用いられている表記よりも、アラビア語の発音により近い表記を用いました。
イスラム教 ↓ 「イスラーム」／コーラン ↓ 「クルアーン」／メッカ ↓ 「マッカ」／メディナ ↓ 「マディーナ」／ラマダン ↓ 「ラマダーン」
二、「イスラーム文明の科学遺産」（p.28～29）は、Foundation for Science Technology and Civilisation "Discover the Muslim Scientific heritage in Our World" をもとに作成しました。
三、コラム「イスラームの基礎Q＆A」（p.76～79）は編集部が作成しました。
四、書中に掲載した写真には、撮影年代が古いため、写っておられる方のご連絡先が判明しなかったものもあります。お心当たりの方がいらっしゃいましたら、編集部までご連絡ください。

東京ジャーミイの見学を希望される方へ

東京ジャーミイ・トルコ文化センターでは、週末の「見学ツアー」をはじめ、一般の方々の見学を受け入れています。

なお、お出かけの際は東京ジャーミイのHP（https://tokyocamii.org/ja/）をあわせてご確認ください（2018年10月現在）。

見学ツアー

○土曜・日曜・祝日の午後２時30分から、一般の日本人の方向けの無料の見学ツアーをおこなっています。下山茂さんがガイドを担当します。予約・受付は不要です。１階ロビーに直接、お越しください。

その他の見学

○上記の見学ツアーのほか、開館時間（午前10時～午後６時）中に館内をご覧いただくこともできます。ただし集団礼拝がおこなわれる金曜日のみ、見学可能な時間は午後２時以降となります。

○５人以上の団体で、ガイド付きの見学を希望される場合は、事前にHPの見学予約フォームからお申し込みください。

〈服装に関するお願い〉

・女性は、長袖・長ズボン・ロングスカート（足首まで隠れるもの）など、肌の露出の少ない服装でお越しください。また、髪をおおうストールかスカーフ（色・柄・形は問いません）をお持ちください。

・男性も、ハーフパンツやタンクトップはご遠慮ください。

見学ツアー集合場所の１階ロビー

東京ジャーミイ・
トルコ文化センター

東京都渋谷区大山町１-19
（小田急小田原線・東京メトロ千代田線
代々木上原駅より徒歩５分）
開館日　年中無休
（土日祝・年末年始も通常どおり開館）
開館時間　午前10時～午後６時
https://tokyocamii.org/ja/

瀧井 宏臣（たきい・ひろおみ）
……児童文学作家・詩人。日本児童文芸家協会会員。1958年、東京生まれ。2017年に『東京大空襲を忘れない』（講談社）で、第1回児童文芸ノンフィクション文学賞（日本児童文芸家協会主催）を受賞した。『おどろきの東京縄文人』（講談社）が児童福祉文化財特別推薦作品に選定、『東京スカイツリーの秘密』（同）は小学校5年国語教科書（学校図書）に掲載された。詩集に『ことのはパフェ』（ブイツーソリューション）などがある。

【写真】下山茂（p.54 ～ 55、p.59 ～ 61、p.63、p.67、p.71、p.82 ～ 83、p.85 ～ 87、p.92 ～ 93、p.100、p.104 ～ 105、p.107、p.109、p.133）／東京ジャーミイ・トルコ文化センター（p. 1 、p. 5 、p.11、p.18 ～ 21、p.31、p.35、p.151、裏表紙）／平井伸造／大野伸彦／瀧井宏臣／モロッコ王国大使館／ The Japan Times ／共同通信社／ Retlaw Snellac Photography ／ Abdullah_Shakoor ／ Tom Hannigan ／ Christopher Michel ／渡邊航／パブリックドメイン
【表紙写真】平井伸造

デザイン　こやまたかこ
イラスト　川野郁代
編集協力　国松俊英

ノンフィクション・いまを変えるチカラ
モスクへおいでよ　NDC167 149P 20cm

2018年11月15日　第1刷発行
著　者　瀧井宏臣
協　力　下山　茂
発行者　小峰広一郎
発行所　株式会社小峰書店　〒162-0066　東京都新宿区市谷台町4-15
電話 03-3357-3521　FAX 03-3357-1027　https://www.komineshoten.co.jp/
印刷所　株式会社精興社
製本所　小髙製本工業株式会社

ISBN978-4-338-32102-0